Gaspard Monge

François Arago

1854

© 2024, François Arago (domaine public)
Édition : BoD • Books on Demand GmbH, In de Tarpen 42,
22848 Norderstedt (Allemagne)
Impression : Libri Plureos GmbH, Friedensallee 273,
22763 Hamburg (Allemagne)
ISBN : 978-2-3225-5402-7
Dépôt légal : Septembre 2024

Gaspard Monge

Introduction

Jeunesse de Monge ; ses dispositions précoces. — Il est admis dans la seconde division de l'école de Mézières

Monge est nommé répétiteur et professeur à l'école de Mézières. — Travaux de Monge sur la géométrie descriptive et sur l'analyse transcendante. — Son talent comme professeur. — Caractère de Monge. — Son mariage

Monge, chargé de professer l'hydraulique dans l'école établie à Paris par Turgot, est nommé membre de l'Académie des sciences et examinateur de la marine

Monge s'associe avec enthousiasme aux idées de régénération proclamées par l'Assemblée constituante. — Sa nomination au ministère de la marine

Monge prend la part la plus active à la création des moyens de défense dont la France avait un besoin impérieux

Fuite de Monge après le 9 thermidor. — Réfutation des conséquences que la malveillance en avait déduites

École normale

Quel fut le fondateur de l'École polytechnique

Missions de Monge en Italie

Second voyage de Monge en Italie

Expédition d'Égypte

Institut d'Égypte

Expédition de Syrie

Monge quitte l'Égypte avec le général en chef

Arrivée en France

Monge sénateur. — Sa conduite dans les Cent-Jours

Seconde Restauration. — Examen des diatribes dont le savant illustre fut l'objet

Monge rayé de la liste des membres de l'Académie des sciences. — Sa mort — Ses obsèques

La mémoire de Monge, malgré les difficultés du temps, est l'objet des plus honorables témoignages de la part d'anciens élèves de l'École polytechnique. — Résumé des services rendus au pays par l'illustre géomètre

GASPARD MONGE

BIOGRAPHIE LUE PAR EXTRAITS EN SÉANCE PUBLIQUE DE L'ACADÉMIE DES SCIENCES, LE 11 MAI 1846.

Le maréchal de Saxe racontait les hauts faits de Chevert, dans la grande galerie de Versailles, au milieu d'un groupe d'officiers et de courtisans. Tout à coup un de ses auditeurs l'interrompit en ces termes : « Monsieur le maréchal, la chaleur de vos éloges nous autorise à penser que l'histoire de Chevert ne vous est pas complétement connue ; vous ignorez, sans doute, que cet officier est le fils du bedeau de la plus modeste église de Verdun ? — Vraiment ? s'écria le héros de Fontenoy, Chevert avait toute mon estime ; à partir de ce moment je lui devrai de la vénération. »

C'est aussi jusqu'à la vénération que je désirerais porter les sentiments de cette assemblée pour le confrère dont je vais tracer la biographie. Je dirai donc, sans autre préambule, que Jacques Monge, le père de l'illustre académicien, était un marchand ambulant, et que, dans ses courses autour de la ville de Beaune, il ne dédaignait pas d'aiguiser les couteaux, les ciseaux des ménagères bourguignonnes.

JEUNESSE DE MONGE ; SES DISPOSITIONS PRÉCOCES. — IL EST ADMIS DANS LA SECONDE DIVISION DE L'ÉCOLE DE MÉZIÈRES.

Le laborieux commerçant de la rue Couverte de Beaunc, Jacques Monge, s'imposa de rudes, d'honorables privations, et parvint ainsi à placer ses trois fils dans le collége de cette ville, dirigé alors par les oratoriens. Les trois jeunes gens répondirent avec distinction à la sollicitude paternelle. L'aîné, Gaspard, notre ancien confrère, devint, dès son début, un sujet d'élite. Il remportait les premiers prix dans toutes les facultés ; ses maîtres trouvaient un plaisir particulier à inscrire, à côté de son nom, la formule quelque peu maniérée des écoles de cette époque : *Puer aureus*.

Jusqu'à la fin de sa vie, Monge conserva religieusement les petits bulletins hebdomadaires dont les oratoriens de Beaune s'étaient complu à le gratifier. Voulait-il témoigner ainsi, comme le grand Condé, que les succès du collége procurent seuls des plaisirs sans mélange ? Attachait-il plus de prix au souvenir d'un thème ou d'une version irréprochables, qu'à celui de certains triomphes géométriques dont le monde lui fut redevable et qui jetèrent tant d'éclat ? Non, Messieurs ; ne cherchez en tout ceci qu'un tendre sentiment filial : les *satisfecit* du collége de Beaune réveillaient dans le cœur de l'illustre académicien le souvenir des sacrifices qu'un père prévoyant s'était imposés, et celui des efforts que le fils avait faits pour les rendre fructueux.

Le jeune Gaspard Monge, malgré ses succès, n'était pas tellement absorbé par les études littéraires, qu'il ne trouvât l'occasion de faire des excursions dans le domaine des sciences et des arts. À quatorze ans, l'élève rhétoricien exécuta une pompe à incendie dont les effets frappèrent d'admiration les personnes les plus instruites, « Comment, lui demandait-on, avez-vous pu, sans guide et sans modèle, mener à bonne fin une pareille entreprise ? — J'avais, répondit-il, deux moyens de succès infaillibles : une invincible ténacité, et des doigts qui traduisaient ma pensée avec une fidélité géométrique. »

La ténacité dans l'esprit, des doigts exercés et dociles, ne furent pas moins nécessaires au jeune Monge le jour où il entreprit de faire le plan détaillé de sa ville natale. Le géomètre improvisé eut à inventer les méthodes d'observation, à construire les instruments propres à mesurer les angles, à exécuter le tracé graphique. Une réduction gravée de ce travail orne un petit ouvrage historique de l'abbé Gandelot. L'original est conservé dans la bibliothèque de Beaune. Les chefs de cet établissement ne réussissent pas toujours à convaincre les voyageurs, quand ils leur présentent ce plan célèbre comme le coup d'essai d'un enfant de seize ans, même après avoir ajouté que cet enfant fut, plus tard, l'illustre créateur de la géométrie descriptive.

Les oratoriens de Lyon voulurent juger par eux-mêmes du mérite de l'écolier dont leurs collègues de Beaune parlaient toujours avec de pompeux éloges ; ils l'appelèrent dans leur établissement et lui confièrent d'emblée la chaire de physique.

Le professeur de physique du célèbre collége de l'Oratoire à Lyon n'avait que seize ans. Son enseignement eut toutefois un succès extraordinaire ; des manières affables, la patience d'un bénédictin, une conduite dans laquelle on aurait vainement cherché même de simples indices de l'esprit inconstant et léger qui semble le lot inévitable de la jeunesse, procurèrent à Monge autant d'amis que ses leçons lui avaient donné d'admirateurs. Les oratoriens désirèrent se l'affilier, et ne négligèrent pas de faire briller aux yeux du néophyte les services que, dans sa nouvelle position, il pourrait rendre à des parents chéris, à une famille nombreuse et sans fortune. Ces considérations devaient toucher le cœur de Monge ; aussi allait-il entrer dans les ordres, lorsqu'une lettre partie de Beaune renversa ce projet.

« Mon cher Gaspard, disait Jacques Monge à son fils, je n'ai pas le dessein de contrarier ta vocation, si elle est bien arrêtée ; mais je te dois une réflexion paternelle, tu la pèseras.

« Je suis persuadé qu'on commet une faute grave quand on entre dans une carrière quelconque autrement que par *la bonne porte* ; or, on m'assure que tes études littéraires n'ont pas été assez complètes pour ta carrière d'oratorien. Maintenant, c'est à toi de prononcer. »

Peu de jours après avoir reçu cette lettre, Monge était de retour dans sa ville natale.

Vous excuserez, Messieurs, ces minutieux détails ; je ne pouvais supprimer ce que notre confrère, comblé de dignités et de gloire, nous racontait avec tant d'émotion. J'aurais manqué à un devoir en ne consacrant pas quelques paroles à l'homme de bien, à l'homme au jugement sûr, à la raison élevée, dont Monge ne parla jamais qu'avec une vénération profonde ; au rémouleur auquel il se plaisait à faire remonter tout ce qui lui était arrivé d'heureux durant sa longue carrière.

Un officier supérieur du génie auquel on montrait, à Beaune, le plan manuscrit de la ville, devina, du premier coup d'œil, que le pays tirerait un jour grand profit des travaux d'un enfant dont les premiers essais étaient si brillants, et il offrit à Jacques Monge de faire entrer son fils à l'école de Mézières. La proposition fut agréée, et le jeune Gaspard se mit en route, le cœur plein d'espérance. Hélas ! combien de déceptions ne devait-il pas éprouver !

L'école de Mézières jouissait d'une grande réputation, due en partie au profond mystère dont elle s'enveloppait. Les élèves, au nombre de vingt, se renouvelaient tous les ans par moitié. Les dix élèves sortants allaient, avec le titre de lieutenant du génie, présider aux travaux de fortifications dans les nombreuses places de guerre qui formaient alors une barrière presque continue sur nos frontières de terre et de mer. On ne tarda pas à remarquer que la bonne exécution de ces dispendieux travaux dépendait au moins tout autant de la capacité des surveillants que du mérite des chefs. De ce moment, l'école de Mézières créa auprès d'elle une succursale destinée à fonner des appareilleurs, des conducteurs ; pour tout dire, en un mot, des praticiens.

Les élèves de cette succursale apprenaient les principes élémentaires du calcul algébrique et de la géométrie, le dessin graphique, les traits de la coupe des pierres et de la charpente. Ils exécutaient encore de leurs mains, avec du plâtre gâché, des modèles de toutes les parties ou voussoirs qui composent les différentes espèces de voûtes en usage dans l'architecture civile et militaire. C'était par allusion à cet exercice si utile, et dont il eût été de bon goût de ne point parler avec dérision, que les élèves de l'école privilégiée avaient donné le nom de *Gâche* à l'école pratique.

Les élèves de la Gâche, pour parler ici comme les fils de famille, n'étaient astreints à aucune condition de naissance ou de fortune ; mais aussi, quelle que fût leur capacité, ils ne devaient jamais prétendre même au modeste grade de sous-lieutenant du génie. Les élèves de la première division, au contraire, n'étaient admis à l'examen qu'après avoir prouvé que leurs pères avaient vécu noblement, c'est-à-dire, car l'expression *noblement* appelle, je crois, un commentaire, sans s'être jamais livrés à aucun genre de commerce, à aucun genre d'industrie, à aucun genre de fabrication, celle des vitres et des bouteilles exceptée, la constitution du pays admettant alors des gentilshommes verriers. Je ne sais si l'officier qui décida Monge à se rendre à Mézières, avait espéré que le mérite de son jeune recommandé pourrait faire fléchir la règle ; en tout cas, il n'y eut pas d'exception : Jacques Monge de Beaune, n'ayant vécu ni de ses rentes, ni d'une fabrication quelconque de bouteilles, son fils Gaspard fut impitoyablement relégué dans la Gâche avec la perspective, en cas de grand succès, de veiller un jour en sous-ordre à la construction d'un bastion, d'une demi-lune ou d'une porte de ville.

Monge exécutait les travaux quotidiens imposés aux élèves de l'école pratique beaucoup plus vite que ne l'exigeaient les règlements rédigés en vue de capacités moyennes. Il avait donc du loisir, et l'employait à rechercher les fondements mathématiques des constructions de stéréotomie qui, dans ce temps-là, étaient recommandées et prescrites au nom de leur ancienneté, autant dire au nom de la routine. Durant ces études solitaires, Monge, quoique dépourvu de tout guide, n'arriva pas seulement à des démonstrations simples et élégantes des méthodes obscures en usage ; il les perfectionna, il ouvrit des routes entièrement nouvelles. Il fallut néanmoins qu'une circonstance fortuite vînt apprendre aux chefs supérieurs de l'établissement de Mézières que la petite école, que la division des hommes de peu, renfermait un esprit actif et pénétrant, une intelligence d'élite, en mesure de beaucoup améliorer la science de l'ingénieur, capable même de la remuer jusque dans ses fondements.

MONGE EST NOMMÉ RÉPÉTITEUR ET PROFESSEUR À L'ÉCOLE DE MÉZIÈRES. — TRAVAUX DE MONGE SUR LA GÉOMÉTRIE DESCRIPTIVE ET SUR L'ANALYSE TRANSCENDANTE. — SON TALENT COMME PROFESSEUR. — CARACTÈRE DE MONGE. — SON MARIAGE.

Défiler une fortification, c'est-à-dire ne laisser aucune de ses parties en prise aux coups directs de l'artillerie de l'assiégeant, tel est le problème capital sur lequel, de tout temps, il a fallu diriger les premières réflexions des jeunes ingénieurs militaires. À l'époque où Monge arriva à Mézières, les solutions connues de ce fameux problème reposaient ou sur des tâtonnements incertains, ou sur des calculs d'une longueur rebutante. Les calculs, il est vrai, on les donnait à faire aux malheureux praticiens de la gâche. C'est à ce titre que Monge fut chargé de traiter un cas particulier, dont les éléments avaient été fournis par l'état-major de l'école. Lorsque notre confrère se présenta pour remettre le résultat de son travail au commandant supérieur, cet officier refusa de le recevoir. Pourquoi, disait-il, me donnerais-je la peine de soumettre une solution imaginaire à de pénibles vérifications ? L'auteur n'a pas même pris le temps de grouper ses chiffres ; je puis croire à une grande facilité de calcul, mais non à des miracles !

Sur l'insistance du jeune élève, on se décida enfin à l'entendre : il avoua d'abord, sans détour, que les scrupules de son chef avaient quelque fondement, que les procédés connus ne l'auraient pas conduit si promptement au but, quelle qu'eût été son habitude des calculs arithmétiques. Aussi, ajouta-t-il, ce que je demande en première ligne et avec une entière confiance, c'est l'examen scrupuleux de la route que je me suis tracée. Cette fois, la fermeté triompha de la prévention. La route nouvelle, étudiée sous tous ses aspects, se trouva plus directe, plus facile, plus méthodique qu'on n'avait osé l'espérer, et Monge fut récompensé de son invention par la place de répétiteur de mathématiques.

En sortant de la classe des appareilleurs, où il avait pu craindre de rester éternellement relégué, pour aller donner des leçons à messieurs les officiers du génie, Monge voyait s'ouvrir tout à coup devant lui une belle et vaste carrière. Dans les premiers moments, il fut cependant moins sensible à cette brillante perspective qu'au plaisir d'avoir enfin reçu un témoignage de satisfaction qui ne s'adressait pas exclusivement à la dextérité de ses doigts. Il faut bien l'avouer, tout en accordant jusque-là de très-grands éloges aux travaux graphiques de notre confrère, on avait paru l'engager à ne pas porter son ambition plus loin ; et lui, dans le sentiment de sa force, voulut plus d'une fois déchirer, fouler aux pieds ses belles épures, afin d'échapper à des compliments presque toujours suivis de restrictions, de conseils qui l'humiliaient.

C'est de l'époque où Monge entra en fonction comme répétiteur à l'école de Mézières, que date réellement la branche des mathématiques appliquées, connue aujourd'hui sous le nom de géométrie descriptive.

Au point de vue de l'utilité, la géométrie descriptive est incontestablement le plus beau fleuron de la couronne scientifique de notre confrère. Je ne saurais donc me dispenser d'en donner ici une idée générale. Je ne me fais pas illusion sur la sécheresse des détails que l'analyse des découvertes de Monge pourra m'imposer ; mais je sais aussi que j'ai l'honneur de parler devant une assemblée juste appréciatrice du sentiment du devoir, et cette réflexion me rassure entièrement. Personne d'ailleurs n'a dû supposer qu'il ne serait pas question de mathématiques dans la biographie d'un mathématicien.

La géométrie descriptive, la géométrie analytique, ne s'occupent, ne peuvent s'occuper que de lignes, que de surfaces susceptibles d'une *définition rigoureuse :* ce sont les expressions sacramentelles de Monge.

Quel sens devons-nous leur attribuer ?

Les mots *définition rigoureuse* n'impliquent en aucune manière que la forme de la surface pourrait toujours être indiquée dans les termes de la langue parlée : une surface est définie rigoureusement, lorsque la position de tous ses points se déduit d'une même formule analytique, à l'aide d'une série d'opérations uniformes, c'est-à-dire par un simple changement dans la valeur numérique des lettres qui y figurent.

Ceci convenu, indiquons le plus brièvement possible le but de la géométrie descriptive.

Une figure plane peut être représentée sur une surface plane sans aucune altération dans les proportions de ses parties. La représentation est, dans ce cas, une sorte de miniature de la figure réelle ; les lignes qui sont doubles, triples, décuples, etc., les unes des autres dans l'objet, sont également doubles, triples, décuples, etc., les unes des autres dans la représentation.

Il n'en est pas de même d'un corps à trois dimensions, d'un corps ayant longueur, largeur et profondeur : sa représentation sur une surface plane est inévitablement altérée. Des lignes qui, sur le corps, sont égales entre elles, peuvent être extrêmement inégales dans la représentation plane. Les angles formés dans l'espace par les arêtes ou par les diagonales du corps, n'éprouvent pas de moindres altérations comparatives, quand elles viennent à être figurées sur un plan.

Malgré ces difficultés, les dessinateurs, les peintres, parviennent, à l'aide de divers artifices, à représenter sur une feuille de papier, sur une toile, et de manière à faire illusion, des objets très-complexes, tels que des monuments d'architecture, des machines, etc. On arrive à ce résultat par une application intelligente des principes de la perspective linéaire, des principes encore plus délicats de la perspective aérienne, des principes qui règlent ce que les artistes ont si singulièrement appelé *le clair obscur*. Ajoutons que les représentations pittoresques, si satisfaisantes quand il s'agit seulement de donner une idée générale des objets, seraient à peu près sans valeur pour l'architecte qui voudrait reproduire ces objets avec toutes leurs dimensions.

Qui n'a vu dans de vastes chantiers une multitude de pierres de taille numérotées, de grandeurs et de formes variées ? C'est l'image du chaos. Attendez ! le poseur viendra prendre ces pierres une à une, il les superposera, et le dôme majestueux s'élancera dans l'espace, sans qu'elles dévient même de quelques millimètres de la place et de la forme que l'imagination de l'architecte leur avait assignées ; et des arcades à plein cintre naîtront, sous vos yeux, en affectant une régularité de contours presque mathématique ; et les nervures, les corniches, les dentelles en pierre de l'église gothique, se marieront entre elles avec une merveilleuse précision.

Les constructions en charpente ne sont pas moins remarquables. Les nombreuses pièces qui entrent dans la composition d'un grand comble avaient été taillées, façonnées chacune à part ; l'ouvrier monteur n'a eu, pour ainsi dire, qu'à les présenter les unes aux autres, qu'à en faire un tout, comme l'ébéniste compose, de pièces rapportées, la table d'un échiquier.

Ces beaux, ces magnifiques problèmes n'auraient pas été solubles si l'on n'avait eu pour guide que les représentations pittoresques des objets ; mais en substituant à ces images, des dessins assujettis à certaines règles, toutes les relations de grandeur et de forme, entre les différentes parties d'une construction quelconque, s'obtiennent à l'aide d'opérations très-simples.

Obéissant à une sorte de géométrie naturelle, poussés par la nécessité qui, souvent, produit les mêmes effets que le génie, d'anciens architectes firent usage, dans certains cas, de ces dessins spéciaux où le constructeur peut trouver, presque à vue, les dimensions et les formes des parties dans lesquelles il se voit obligé de décomposer un édifice projeté. Ces architectes seraient les inventeurs de la géométrie descriptive, s'ils avaient fondé leurs épures sur des principes mathématiques, et généralisé la méthode ; mais, loin de là, ils affrétaient de considérer les préceptes qui leur servaient de règle comme le fruit d'une pratique aveugle. Aussi, dès qu'on les tirait des cas particuliers traités dans les plans de leurs portefeuilles, ils ne savaient plus marcher même à tâtons.

À une époque gouvernée par l'empirisme, les chefs des diverses écoles ne pouvaient être que du même avis relativement à la valeur des méthodes en usage. Il n'est pas rare de lire dans leurs traités : Je parie 10, 20 et même 100 mille livres, que mes procédés sont exacts. Il faut avouer que jamais, à l'occasion de ces défis, on ne tomba d'accord sur le choix des experts qui auraient eu à trancher le différend.

L'autorité intervint elle-même dans ces débats. Ainsi, elle défendit à l'artiste Bosse d'adopter les méthodes de Desargues pour son cours de perspective de l'École royale de peinture. L'autorité fut mal inspirée ; nous savons aujourd'hui que les méthodes interdites étaient très-exactes ; mais aussi pourquoi vouloir régler l'art, la science, par arrêt du parlement ? Des décisions ridicules ont toujours été la conséquence de ces tentatives d'usurpation sur la liberté de la pensée humaine.

Des hommes de mérite, Desargues en tête, réussirent enfin à rattacher aux règles de la géométrie élémentaire la plupart des méthodes, des tracés en usage dans la coupe des pierres et dans la charpente. Malheureusement, leurs démonstrations étaient longues, embarrassées ; elles devaient toujours rester hors de la portée des simples ouvriers.

À quoi tenaient ces complications ? Elles tenaient à ce qu'on était obligé de créer la science tout entière, à l'occasion de chaque problème. Adoptez cette même marche dans telle autre branche quelconque des mathématiques, et la plus inextricable confusion en sera aussi la conséquence inévitable.

Un analyste poursuivant la solution d'une question, et s'arrêtant chemin faisant suivant les circonstances, pour discourir sur la règle des signes, sur celle des exposants, etc. ; pour expliquer la numération, la multiplication, la division, l'extraction des racines, etc., offrirait l'image, assez fidèle, de ce qu'étaient jadis, dans leur genre, les *stéréotomistes*.

Monge débrouilla ce chaos. Il fit voir que les solutions graphiques de tous les problèmes de la géométrie à trois dimensions, se fondaient sur un très-petit nombre de principes qu'il exposa avec une merveilleuse clarté. Désormais aucune question, parmi les plus complexes, ne devait rester l'apanage exclusif des esprits d'élite ; avec des instruments bien définis et une méthode de recherches uniforme, la géométrie descriptive, dont Monge devint ainsi le créateur, pénétra jusque dans les rangs nombreux de la classe ouvrière, malgré le peu d'instants qu'elle peut consacrer à l'étude.

Il faut se bien pénétrer de l'état où des hommes d'un grand talent avaient laissé la stéréotomie, pour apprécier le haut mérite que Monge déploya dans l'accomplissement de son œuvre. En toutes choses, qu'il s'agisse d'une fable de La Fontaine, ou du *Traité de géométrie descriptive* de notre confrère, ce qui est réellement beau paraît simple, et semble avoir dû coûter peu d'efforts. Lagrange exprimait une pensée analogue avec sa finesse habituelle, lorsqu'il disait en sortant d'une leçon de son ami : « Avant d'avoir entendu Monge, je ne savais pas que je savais la géométrie descriptive ».

La géométrie descriptive, fondée sur l'emploi des projections, n'est pas seulement le moyen de résoudre avec rigueur une multitude de problèmes relatifs aux constructions ; elle constitue encore une méthode très-propre à faire découvrir des propriétés cachées et précieuses des espaces limités, ainsi que Monge en donna de nombreuses preuves, ainsi que ses successeurs l'ont établi par tant d'exemples éclatants. Le premier point de vue intéressa particulièrement l'école de Mézières ; elle se montra justement fière d'avoir vu naître, dans son sein, une branche des mathématiques éminemment utile. Malheureusement on s'obstina à placer la nouvelle science sous le boisseau. Il ne fallait pas, disaient les autorités de l'École, aider les étrangers à devenir habiles dans l'art des constructions ; les méthodes imparfaites, ou seulement obscures, obligent les ingénieurs à des tâtonnements ; ils sont forcés de démolir plusieurs fois leurs ouvrages, et, d'ordinaire, il en résulte de graves défauts de solidité. Faire plus vite, avec moins de dépense et plus solidement, sont des avantages dont le constructeur français, l'ingénieur militaire surtout, doivent autant que possible conserver le privilége.

Telles étaient les considérations empruntées, avouons le franchement, à un esprit patriotique, petit, mesquin, qui firent intimer à Monge l'ordre de ne rien divulguer, ni verbalement, ni par écrit, de ses succès en géométrie descriptive. Il ne lui fut permis de professer publiquement cette science qu'en 1794, à l'École normale.

Les quinze années d'un silence absolu prescrit par l'autorité, d'un mutisme vraiment cruel, ne furent pas entièrement perdues pour la science. Monge ne pouvant pas mettre le public dans la confidence des études qu'il faisait sur les propriétés des corps, à l'aide de la méthode géométrique des projections, traita les mêmes questions par l'analyse transcendante. Ici, on lui accorda toute liberté. C'est par des recherches analytiques que notre confrère commença à être connu dans le monde savant, et qu'il y prit, dès son début, un rang distingué.

Malgré les difficultés du sujet, j'essaierai de donner une idée générale de la principale découverte de Monge dans ce genre de travaux. Quelques notions préliminaires très-simples faciliteront notre recherche.

Veut-on s'assurer qu'une ligne donnée est courbe, on en approche une ligne droite.

Désire-t-on quelque chose de plus ; faut-il connaître le degré de courbure d'une ligne, en un certain point, on détermine le rayon du cercle qui, passant par ce point, approche de la courbe le plus possible, le rayon du cercle que les géomètres appellent le cercle osculateur. Ce rayon est-il grand, la courbure est petite, et réciproquement.

Des courbes tracées sur des plans, passons aux surfaces.

Quand on désire avoir une idée nette des courbures diverses d'une surface en un quelconque de ses points, on mène d'abord au point donné une normale à la surface ; ensuite on fait passer par cette ligne droite une série de plans sécants. Chaque plan sécant détermine une section qui est réellement partie intégrante de la surface, et qui en fixe la courbure dans un sens déterminé.

Parmi toutes les sections curvilignes qui résultent des intersections d'une surface par une série indéfinie de plans sécants normaux passant par un point donné, il en est une qui, comparativement, possède le maximum de courbure, et une autre le minimum.

Les plans dans lesquels ces sections de plus grande et de moindre courbure se trouvent contenues, sont toujours perpendiculaires l'un à l'autre.

Les courbures des sections normales intermédiaires peuvent se déduire de la plus grande et de la moindre courbure, d'après une règle générale très-simple.

Cette théorie des sections courbes appartient à Euler, l'homme qu'on aurait pu appeler presque sans métaphore, et certainement sans hyperbole, l'analyse incarnée.

Ceux qui possèdent une qualité sans laquelle nul succès n'est assuré dans la carrière des sciences, la qualité de s'étonner à propos, n'ont jamais refusé leur admiration aux découvertes dont je viens de faire mention.

Le mot admiration serait-il ici hors de place ? Examinons.

Toute équation entre trois indéterminées représente une surface. Si les indéterminées y entrent au premier degré, cette surface est plane. L'équation est-elle du second degré, il en peut ressortir un ellipsoïde, un paraboloïde, un hyperboloïde, ou des surfaces qui sont des modifications, des cas particuliers de celles-là. S'élève-t-on jusqu'au troisième degré, il y a tant de surfaces distinctes contenues dans l'équation, qu'on n'a pas même essayé d'en faire le dénombrement. Le nombre de ces surfaces augmente dans une énorme proportion quand on passe du troisième au quatrième degré, du quatrième au cinquième, etc.

L'imagination a peine à concevoir l'immense variété de formes qui peuvent être déduites des seules équations de tous degrés, dites algébriques. Eh bien, ces formes les plus dissemblables ont un caractère commun ; la variété, dans l'aspect général, n'empêche pas qu'en un point donné d'une quelconque de ces milliards de surfaces, les deux sections normales de plus grande et de moindre courbure ne soient perpendiculaires entre elles, et que les courbures des sections intermédiaires ne dépendent des deux premières, suivant une loi simple et générale. Le théorème d'Euler trace, en quelque sorte, une limite que dans leurs dissemblances, d'ailleurs infinies à d'autres égards, les surfaces géométriques ne peuvent jamais dépasser. Appliqué aux transformations qui découlent des combinaisons de l'analyse, ce théorème peut être assimilé à ces belles paroles de l'Écriture : à Océan, tu n'iras pas plus loin ! »

Les géomètres supposaient qu'une question creusée si profondément par le génie d'Euler était épuisée. Monge montra combien on se trompait. Le travail dont les géomètres lui sont redevables ne porte pas seulement, comme celui de son illustre prédécesseur, sur la considération d'arcs élémentaires, d'arcs infiniment petits, appartenant aux sections normales faites dans une surface par un point donné. Monge s'occupa de deux courbes indéfinies, susceptibles d'être tracées sur toutes les surfaces possibles. Il me suffira de quelques paroles pour caractériser nettement la belle découverte de notre confrère.

Menez une perpendiculaire, une normale, à une surface en un point donné ; menez ensuite une semblable normale en un point très-voisin du preinier. En général, cette seconde ligne ne rencontrera pas la première ; les deux normales ne seront pas contenues dans un même plan.

Il y a deux directions (deux directions seulement) dans lesquelles, sans exception aucune, les normales consécutives se rencontrent. Ces directions, comme les sections de plus grande et de moindre courbure, avec lesquelles, dans une très-petite étendue, elles se confondent, sont rectangulaires entre elles ; ces directions peuvent être suivies dans toute l'étendue d'une surface quelconque. Monge les appela les lignes de courbure.

On peut appliquer à ces lignes de courbure de Monge toutes les considérations auxquelles j'ai eu recours pour faire ressortir la beauté du travail d'Euler. Notre confrère a donc eu le très-rare privilége d'attacher son nom à la découverte d'une des propriétés primordiales des espaces terminés par des surfaces quelconques, avec la seule l'imitation que ces surfaces soient susceptibles d'une définition rigoureuse.

Dans une des leçons, non obligatoires, de l'ancienne École polytechnique ; dans une de ces leçons, aujourd'hui supprimées, qui étaient destinées à développer le goût des sciences chez les premiers élèves, Monge appliqua sa théorie des lignes de courbure à l'ellipsoïde. Plusieurs professeurs s'étaient empressés d'aller écouter leur confrère : ils se donnaient alors les uns les autres de ces marques de déférence. À l'issue de la séance, Monge fut entouré et comblé de félicitations. Celles qui sortirent de la bouche de Lagrange nous ont été conservées : «Vous venez, mon cher confrère, d'exposer des choses très-élégantes ; je voudrais les avoir faites. »

Monge avouait que jamais compliment n'alla plus droit à son cœur.

Je demande à l'assemblée la permission de lui présenter encore quelques considérations générales, très courtes, sur un troisième travail qui forme aussi un des points culminants de la carrière scientifique de Monge.

Lorsque Descartes eut réalisé l'application de l'analyse à la géométrie, sa plus brillante, sa plus solide découverte, les mathématiciens s'attachèrent d'abord à l'examen des propriétés des lignes planes représentées par les équations des deux premiers degrés à deux indéterminées. La route semblait tracée : il n'y avait qu'à passer successivement à la discussion des lignes du troisième ordre, du quatrième, du cinquième, et ainsi de suite. Newton entreprit ce travail pour l'équation du troisième degré. Ses prédécesseurs avaient trouvé trois espèces de courbes dans l'équation du second ; il fut amené à en distinguer soixante-douze dans l'équation du troisième. Euler, prenant l'équation du quatrième degré, n'osa pas même entrer dans la question des espèces proprement dites. En se tenant à des caractères plus généraux, en ne poussant son investigation que jusqu'aux genres, il en trouva cent quarante-six.

Ce mode de classification des courbes devait évidemment être abandonné. Il n'eût d'ailleurs pas été abordable en passant aux surfaces.

Monge, toujours guidé par des vues d'utilité, considéra que lorsqu'ils ont à faire choix de surfaces pour un but déterminé, les constructeurs ne s'inquiètent guère du degré des équations à l'aide desquelles ces surfaces pourraient être représentées. Quand ils hésitent, c'est entre des surfaces soumises à un même mode de génération, les unes appartinssent-elles à des équations du second degré, et les autres à des équations du millième. Il substitua donc à l'ancien mode de classification, à celui de Descartes, de Newton et d'Euler, un mode entièrement nouveau ; il groupa les surfaces d'après leur mode de génération ; il étudia ainsi simultanément les propriétés des surfaces cylindriques de tous les ordres, puis les propriétés des surfaces coniques, puis celles des surfaces de révolution, etc., sans jamais se demander quelle place la surface occuperait, qu'on me passe l'expression, dans la hiérarchie algébrique.

Pour atteindre ce but, Monge se vit obligé d'avoir recours à un genre particulier de calcul, que l'étude des mouvements des fluides venait de faire naître dans les mains de d'Alembert : le calcul aux différences partielles. Monge mania cette analyse transcendante avec une telle délicatesse, il donna à ses démonstrations une si admirable clarté, que personne ne se doutait, en le lisant, qu'il avait été entraîné sur les dernières limites des connaissances mathématiques du XVIIIe siècle.

Les premiers Mémoires de Monge, relatifs à la recherche des équations des surfaces connues par leur mode de génération, ont été imprimés dans le Recueil de l'Académie de Turin, pour les années 1770 à 1773. On sera peut-être curieux de trouver à côté de l'appréciation si franchement modeste que Monge faisait de son œuvre, le jugement qu'en portait Lagrange :

«Persuadé, disait Monge dans le préambule de son Mémoire, qu'une idée, stérile entre les mains d'un homme ordinaire, peut devenir très-profitable entre celles d'un habile géomètre, je vais faire part de mes recherches a l'Académie de Turin.»

Voici maintenant les paroles de Lagrange dans toute leur naïveté :

«Avec son application de l'analyse à la représentation des surfaces, ce diable d'homme sera immortel !»

A-t-on raison de voir dans ces paroles une trace de jalousie ? Ce sera le plus grand éloge qu'on ait jamais pu faire du remarquable travail dé Monge.

En 1768, à la mort de Camus, examinateur des élèves du génie, Bossut lui succéda. Monge, de son côté, passa de la place de répétiteur à celle de professeur, que Bossut occupait avant sa promotion ; il avait alors vingt-deux ans.

Trois ans après, en 1771, l'abbé Nollet étant mort, Monge fut chargé de le remplacer ; il se trouva donc à la fois professeur de mathématiques et professeur de physique à l'école de Mézières. Son zèle et sa facilité lui permettaient de satisfaire amplement à ces deux fonctions.

Comme répétiteur, Monge n'avait avec les élèves que des relations individuelles, dans les salles d'étude, à l'occasion des travaux graphiques. Après sa nomination aux places de professeur de mathématiques et de physique, il eut à faire des leçons devant les élèves réunis : son succès fut aussi complet qu'on puisse l'imaginer. Ceux qui se rappellent la réputation, la prééminence incontestée que Monge acquit plus tard comme professeur à l'Athénée de Paris, à l'École normale et à l'École polytechnique, trouveront naturel que je m'arrête un moment à en chercher la cause. Puisse mon investigation devenir profitable à tel professeur qui, placé à l'antipode de Monge, semble ne faire aucun effort pour en sortir !

Monge, comme professeur, appartenait à l'école du philosophe célèbre, « qui, faisant peu de cas, je cite ses propres expressions, *de la vertu parlière*, ne trouvait pas grand choix entre ne savoir dire que mal, ou ne savoir rien que bien dire. » Dans ses leçons, toujours substantielles, il visait exclusivement à être clair, à se rendre accessible aux intelligences les plus paresseuses, et il atteignait complétement son but.

De l'ensemble descendiez-vous aux détails ; vous prenait-il fantaisie d'analyser le talent oratoire de Monge, votre oreille était désagréablement affectée par une prosodie défectueuse. À des paroles traînantes succédaient, de temps à autre, des membres de phrase articulés avec une volubilité faite pour dérouter l'attention la plus soutenue. Vous alliez alors, par dépit, jusqu'à vous ranger à une opinion erronée, mais fort répandue : vous croyiez Monge bègue. Bientôt, cependant, entraîné, séduit par la lucidité des démonstrations, vous étiez tenté de rompre le silence solennel de l'amphithéâtre et de vous écrier, à l'exemple d'un des élèves les plus distingués de notre confrère : « D'autres parlent mieux, personne ne professe aussi bien. »

On a vu des professeurs imposer à un nombreux auditoire par la régularité et la noblesse de leurs traits, par l'assurance de leur regard et l'élégance de leurs manières. Monge ne possédait aucun de ces avantages. Sa figure était d'une largeur exceptionnelle ; ses yeux, très-enfoncés, disparaissaient presque entièrement sous d'épais sourcils ; un nez épaté, de grosses lèvres, formaient un ensemble peu attrayant au premier abord ; mais, qui ne le sait ? dans les tableaux de certains peintres fameux, les incorrections du dessin disparaissent sous la magie du coloris. Les qualités de l'âme jouissent d'un privilége analogue *, elles répandent sur les traits du visage des nuances harmonieuses qui en masquent tous les défauts. Tel est surtout, à mon avis, le sens qu'on doit attacher à cet adage de Chesterfield : « La laideur et la beauté sont des questions de trois semaines au plus. » Il n'était nullement question de semaines pour s'accoutumer à la figure sévère de l'illustre professeur. Dès les premières paroles de chacune de ses leçons, on la voyait soudainement s'illuminer d'une bienveillance infinie, qui commandait le respect et la reconnaissance.

L'œil scrutateur de Monge découvrait, jusque dans les parties les plus reculées de son nombreux auditoire, l'élève que le découragement commençait à gagner ; il reprenait aussitôt sa démonstration, en modifiait la marche, les termes ; et, lorsque toutes ces attentions étaient demeurées sans résultat, il manquait rarement, la séance finie, d'aller, à travers la foule, se saisir, pour ainsi parler, de l'auditeur à l'esprit distrait ou paresseux qu'il avait remarqué, et de faire pour lui seul une seconde leçon. Ordinairement elle n'avait point de préambule, et commençait en ces termes : « Je reprends, mon ami, du point où j'ai commencé à devenir inintelligible. »

J'entends souvent attribuer les succès de Monge dans l'enseignement de la géométrie descriptive à l'habileté sans pareille avec laquelle il savait, par des gestes, figurer et poser dans l'espace les surfaces, objet de ses démonstrations. Je méconnais d'autant moins ce genre particulier de mérite, que j'ai entendu souvent notre confrère lui assigner une extrême importance. Je dois, plus que personne, me rappeler qu'au commencement de la dernière leçon qu'il ait donnée à l'École polytechnique, en 1809, Monge s'exprimait ainsi : « Je suis, mes amis, obligé de prendre congé de vous, et de renoncer pour toujours au professorat ; mes bras engourdis, mes mains débiles, ne n'obéissent plus avec la promptitude nécessaire. » Néanmoins, c'est ailleurs que j'ai cru apercevoir la cause principale du silence religieux, de l'intérêt puissant, de la vénération profonde dont les disciples de l'illustre académicien ne manquaient jamais de l'entourer. Monge enseignait ordinairement ce qu'il avait lui-même découvert. C'était pour un professeur, vis-à-vis de ses élèves, la position la plus avantageuse qu'on pût imaginer, surtout lorsqu'une modestie franche et naïve, comme celle de notre confrère, y ajoutait un nouveau charme. Monge ne suivait pas strictement, devant ses auditeurs, la marche qu'il s'était tracée dans le silence du cabinet ; il s'abandonnait souvent à des inspirations subites ; on apprenait alors de lui comment les esprits créateurs font avancer les sciences, comment les idées naissent, percent l'obscurité qui d'abord les entoure, et se développent. Dans les occasions dont je parle, mon expression ne sera que juste : Monge pensait tout haut.

Partout où il s'établira ainsi une sorte de communauté entre la jeunesse avide de savoir et un professeur homme de génie, celui-ci obtiendra un succès d'enthousiasme, dont on doit renoncer à trouver la cause dans les grâces du langage ou même dans la clarté de l'exposition. Il y a toujours un grand avantage à faire professer les sciences par ceux qui les créent : ne négligeons pas les occasions de proclamer cette vérité, puisqu'on a si souvent affecté de n'en tenir aucun compte.

Beaucoup de nos jeunes professeurs, s'abandonnant sans défiance à un de nos penchants les plus doux, mais aussi les plus pernicieux, les plus trompeurs, la paresse, s'imaginent de bonne foi qu'il serait impossible de cultiver fructueusement les sciences loin de Paris. Pour renverser de fond en comble une erreur si funeste, il suffit de faire remarquer que les principaux travaux de Monge sur la génération et les propriétés des surfaces courbes, sur la géométrie descriptive, datent de l'école de Mézières. Reportez-vous cependant par la pensée à soixante-dix ans de notre époque, et vous ne trouverez pas, tant s'en faut, qu'un habitant de cette ville fût, comme il l'est aujourd'hui, régulièrement informé tous les matins, vingt quatre heures seulement après la capitale, du plus petit événement arrivé dans le monde scientifique.

Voulez-vous la mesure, qu'on me passe l'expression, de l'isolement où vivait Monge à Mézières, je la trouverai dans une lettre inédite qui a passé sous mes yeux. Cette lettre est du 16 septembre 1776. Monge y complimentait Condorcet sur sa nomination à la place de secrétaire perpétuel de l'Académie des sciences ; six mois s'étaient écoulés avant que Monge, dont toute l'attention devait être tournée vers la savante compagnie, fût informé du changement capital qui s'y était opéré. À notre époque, il ne faut pas un temps aussi long pour qu'on apprenne aux antipodes l'événement le plus insignifiant arrivé dans une bourgade sans nom de la Laponie ou de l'Islande.

La jeunesse si féconde de Monge restera donc comme une protestation permanente contre l'apathie de tant de professeurs de mérite, qui croient s'excuser de ne rien produire en parlant sans cesse de leur isolement.

En écrivant la biographie de Watt, j'ai essayé de tracer l'histoire de la découverte de la composition de l'eau. Je crois cette histoire fidèle, quoiqu'elle ait donné lieu à bien des diatribes de la part de quelques-uns de nos voisins engoués de titres nobiliaires, qui ont trouvé que je m'étais rendu coupable d'une irrévérence impardonnable en essayant de dépouiller, ce sont leurs expressions, Cavendish, de l'illustre famille des ducs de Devonshire, en faveur de l'artiste Watt.

De ce côté du détroit, quelques amis de Monge m'imputent le tort de n'avoir pas cité les expériences relatives au même objet de notre savant compatriote. Mais ils ont donc oublié qu'en publiant son travail dans les *Mémoires de l'Académie des sciences* de 1783, Monge lui-même s'exprimait ainsi :

« Les expériences dont il s'agit dans ce Mémoire ont été faites à Mézières, dans les mois de juin et de juillet 1783, et répétées en octobre de la même année : je ne savais pas alors que M. Cavendish les eût faites plusieurs mois auparavant en Angleterre. »

Quoique cette note de l'auteur donne incontestablement l'antériorité au savant anglais, nous devons réclamer pour notre compatriote le mérite d'avoir opéré très en grand, et en s'entourant de toutes les précautions que la science pouvait commander. Monge ne se faisait pas moins remarquer à Mézières par ses mœurs irréprochables et la noblesse de ses sentiments, que par ses talents précoces. Il croyait, il disait que l'homme de cœur doit, en tout temps, en tout lieu, se considérer comme le mandataire des honnêtes gens absents, et prendre ouvertement leur défense quand on les attaque. Adopter un pareil principe pour règle de conduite, c'est faire bon marché de son repos.

Monge eut bientôt l'occasion de le reconnaître, quoique Mézières fût une très-petite ville ; quoique les questions politiques ou sociales qui, depuis plus d'un demi-siècle, ont si profondément agité le monde, enflammé tant de passions, fussent alors posées à peine, et n'occupassent, en tout cas, que les érudits et quelques publicistes, à titre de simples utopies.

Je dois avouer que Monge n'hésitait jamais, même au risque d'un duel, à rompre ouvertement en visière avec quiconque faisait parade devant lui d'un sentiment déshonnête. Je pourrais, à ce sujet, citer plusieurs anecdotes qui auraient leur côté piquant. Je me bornerai à une seule :

Dans un salon de Mézières, certain personnage, infatué de son mérite et de sa fortune, racontait, comme une chose à peine croyable, que la belle madame Horbon de Rocroy n'avait pas voulu l'accepter pour mari. Au reste, ajoutait-il, en s'efforçant de rire pour égayer ses auditeurs, je m'en suis bien vengé : des historiettes de ma façon, que j'ai répandues dans la ville et aux alentours, ont déjà empêché la dédaigneuse veuve de contracter un autre mariage. Monge ne connaissait pas madame Horbon. Il n'en écarta pas moins rudement avec les mains et les coudes la foule, toujours si prompte à se grouper autour des médisants, alla droit à l'épouseur éconduit, et, d'un ton d'autorité qui n'admettait point de délai dans la réponse, il lui posa cette question : » Est-il vrai, Monsieur (j'ai besoin de vous l'entendre répéter), est-il vrai que vous ayez essayé de nuire à une faible femme, en colportant des anecdotes dont vous connaissiez la fausseté ? — Cela est vrai, mais que vous importe ? — Je vous déclare un infâme ! » reprit Monge d'une voix retentissante. Et l'action, aussi prompte que la foudre, ayant accompagné son exclamation, les spectateurs virent la querelle se dénouer comme celle du père de Chimène et de don Diègue, dans la belle tragédie de Corneille. Seulement le don Diègue souffleté de Mézières n'ayant demandé réparation, ni par procuration, ni personnellement, il arriva que Monge, contre ses prévisions, avait, cette fois, puni un misérable calomniateur, sans courir aucun danger.

À quelque temps de là, Monge rencontra chez des amis de Rocroy une personne de vingt ans dont il devint fortement épris : c'était madame veuve Horbon. Il demanda sa main, sans se donner la peine de recourir, suivant l'usage, à l'entremise d'un tiers. Madame Horbon ignorait la scène de Mézières ; mais la voix publique lui avait appris que le professeur de l'École du génie jouissait de l'estime générale et que ses élèves l'adoraient. Elle hésitait cependant : veuve d'un maître de forges, madame Horbon ne voulait imposer à personne les ennuis d'une liquidation compliquée. Ne vous arrêtez pas, Madame, à de pareilles vétilles, repartit Monge avec vivacité ; j'ai résolu dans ma vie des problèmes bien autrement difficiles ; ne vous préoccupez pas non plus de mon peu de fortune ; veuillez m'en croire, les sciences y pourvoiront.

Ces épanchements naïfs vainquirent les scrupules de madame Horbon. En 1777, elle devint madame Monge.

MONGE, CHARGÉ DE PROFESSER L'HYDRAULIQUE DANS L'ÉCOLE ÉTABLIE À PARIS PAR TURGOT, EST NOMMÉ MEMBRE DE L'ACADÉMIE DES SCIENCES ET EXAMINATEUR DE LA MARINE.

Monge cessa, en 1780, d'être confiné à Mézières. Cette année, il fut nommé à une chaire d'hydraulique que Turgot avait créée au Louvre, à la demande de d'Alembert et de Condorcet. Le ministre statua que le nouveau professeur d'hydraulique passerait six mois à Mézières et six mois à Paris. L'Académie trouva, à son tour, que six mois de résidence dans la capitale satisferaient à la prescription la plus rigoureuse de son règlement, et elle reçut Monge au nombre de ses membres. Il avait alors trente quatre ans.

En 1783, à la mort de Bezout, examinateur des élèves de la marine, ou, si l'on veut, car c'était la dénomination officielle, examinateur des gardes du pavillon, notre confrère lui succéda.

Il quitta alors définitivement l'école de Mézières. Cette école était devenue peu à peu, dans l'opinion commune, et surtout dans l'opinion des élèves, l'école de Monge. Aussi, les chefs militaires, placés à sa tête, se montraient-ils très-jaloux de leur subordonné, le jeune professeur de mathématiques et de physique ; aussi, le commandant supérieur alla-t-il jusqu'à s'écrier, en faisant un emprunt au cardinal Mazarin : « Il nous faut remplacer Monge par un homme *qui ne soit personne !* »

Vous le voyez, la jalousie est quelquefois, à son insu, plus flatteuse, plus explicite, plus vive dans ses éloges que l'amitié elle-même.

Monge remplit l'emploi d'examinateur de la marine jusqu'au commencement de la première révolution.

Chez Monge, la douceur et l'aménité n'excluaient pas une grande fermeté. On le trouvait même inflexible toutes les fois que l'intérêt public semblait exiger qu'il fît prévaloir les décisions de l'examinateur.

« Vous avez refusé un candidat qui appartient à de bien puissantes familles, disait à notre confrère le maréchal de Castries, ministre de la marine. Votre décision me donne mille tracas ; je suis accablé de réclamations. — Vous êtes parfaitement le maître, repartit l'austère examinateur, d'admettre le candidat qui m'a paru incapable ; mais si vous prenez cette décision, monsieur le maréchal, il faudra en même temps supprimer la place que je remplis. Les fonctions d'examinateur ne seraient plus ensuite ni utiles ni acceptables. »

Le candidat inadmissible ne fut pas admis.

Monge résista aux désirs du maréchal de Castries dans une circonstance encore plus délicate peut-être.

Le ministre, plein d'estime et de bienveillance pour Monge, lui demanda, je pourrais presque dire lui enjoignit, de rédiger un cours complet de mathématiques à l'usage des aspirants et des élèves de la marine. L'ouvrage serait devenu obligatoire, et aurait été pour notre confrère la source d'une fortune considérable. Monge refusa sans hésiter un seul instant ; il ne voulut pas enlever à la veuve de son prédécesseur l'unique revenu que celuici lui eût laissé, le bénéfice résultant de la vente de ses livres.

Cet acte de délicatesse semblera aujourd'hui incroyable, car beaucoup de personnes n'hésitent pas, dit-on, à reproduire, avec des changements de rédaction insignifiants, les ouvrages des maîtres de la science ; car le public a été jusqu'à supposer que certaines de ces publications, dont il serait impossible de trouver la raison suffisante, étaient destinées à des candidats que les auteurs des ouvrages en question devaient examiner tôt ou tard à titre officiel. J'ai besoin, au reste, de le remarquer, en résistant au désir du ministre de la marine, Monge ne faisait pas seulement un acte d'humanité, il proclamait encore les services distingués rendus par Bezout à l'enseignement des mathématiques, et rendait hommage au noble caractère de l'examinateur.

Après son entrée à l'Académie, notre confrère donna plusieurs très-beaux Mémoires d'analyse transcendante ; un grand travail, avec Berthollet et Vandermonde, sur le fer considéré dans ses différents états ; des expériences et des explications très-fines sur des effets de capillarité. Il publia en 1790, dans les *Annales de chimie,* tome v, la théorie de diverses observations paradoxales d'optique ; un ingénieux traité concernant les principaux phénomènes de la météorologie, sur lequel je dois m'arrêter quelques instants.

Ce Mémoire célèbre fut longtemps, dans notre pays, la base de l'enseignement de la météorologie. Il y avait toujours une affluence extraordinaire aux leçons dans lesquelles Monge développait sa théorie. Chacun était sous le charme. Les principes fondamentaux paraissaient si naturels, si simples, les déductions si nettes, si rigoureuses, le professeur se montrait si profondément convaincu, qu'on aurait cru commettre la plus grande des inconvenances en se permettant une objection, un simple doute. Qui d'ailleurs n'aurait été satisfait d'avoir appris dans l'espace de quelques minutes, sans aucune contention d'esprit, les causes des brouillards, des nuages, de la neige, de la pluie, de la grêle, des vents, et du plus dévastateur de tous les météores, des trombes ?

À l'époque où Monge rédigeait son Mémoire, la plupart des phénomènes atmosphériques n'avaient été étudiés que d'une manière générale et vague. Les météorologistes sentaient à peine le besoin de fonder la science sur des données numériques précises ; à peine commençaient-ils aussi à comprendre que les détails sont la véritable pierre de touche des théories.

Les théories météorologiques de Monge ne résisteraient point aujourd'hui à cette épreuve, et cependant elles n'en resteront pas moins dans l'histoire de la physique, comme un témoignage frappant de l'esprit ingénieux et net de notre confrère. Qui ne le voit ? il y aurait une injustice flagrante à tenter d'apprécier les conceptions de 1790, sans se reporter par la pensée à cette époque, sans mettre momentanément à l'écart les observations, les expériences faites dans l'espace de plus d'un demi-siècle, sans se rappeler que Monge n'avait, qu'il ne pouvait avoir aucune connaissance d'une multitude de détails que le progrès des sciences a rendus familiers même aux élèves de nos écoles.

Monge n'était pas tellement absorbe par ses cours obligatoires du Louvre, par des leçons bénévoles données à quelques jeunes gens de mérite, au nombre desquels figuraient nos deux anciens confrères, Prony et Lacroix, qu'il ne trouvât le temps de jeter sur la mécanique appliquée le regard perçant qui avait si bien sondé les obscurités de la géométrie descriptive. Ses investigations réduisirent les machines les plus compliquées à un nombre très-limité d'organes élémentaires.

Monge fut bientôt frappé de tout ce que les inventeurs et les simples constructeurs trouveraient de ressources dans une énumération complète de ces divers organes ; dans des tableaux synoptiques réunissant les moyens connus de transformer les mouvements des pièces sur lesquelles les moteurs exercent directement leur action en des mouvements très-différents imprimés à d'autres pièces ; dans la représentation graphique des combinaisons ingénieuses, où l'on voit la force d'impulsion de l'eau, celle de l'air, la force élastique de la vapeur, tantôt forger à coups redoublés l'ancre colossale du vaisseau de ligne, tantôt enlacer avec une régularité mathématique les filaments de la dentelle la plus délicate. Il y aurait, dans les Mémoires mathématiques de Monge, de quoi fournir matière aux éloges de plusieurs académiciens. Mais telle est la richesse de mon sujet, que je ne puis seulement citer les titres de ces écrits, et que je me vois forcé de courir à d'autres objets.

MONGE S'ASSOCIE AVEC ENTHOUSIASME AUX IDÉES DE RÉGÉNÉRATION PROCLAMÉES PAR L'ASSEMBLÉE CONSTITUANTE. — SA NOMINATION AU MINISTÈRE DE LA MARINE.

Notre confrère venait de poser seulement les bases de son important travail sur la composition des machines, lorsque la Révolution de 1789 éclata. Les principes de justice, de liberté, d'égalité, qui retentirent alors d'une extrémité de la France à l'autre, excitèrent dans l'âme de Monge des sentiments de sympathie et d'enthousiasme. Pendant sa jeunesse, irrévocablement attaché par les préjugés nobiliaires à la section de l'école du génie nommée dédaigneusement *la Gâche*, il se transportait avec bonheur, dans ses rêves, à une époque éloignée où le génie pourrait prendre librement son essor, où chacun recevrait du pays l'emploi le plus approprié à son mérite, à ses facultés. Cette utopie allait devenir une réalité ; les événements s'étaient déroulés avec une rapidité que les plus fervents amis du progrès n'avaient osé espérer. Monge attendait avec anxiété une occasion de mettre son dévouement au service d'une si belle cause. Elle lui fut d'abord offerte par le projet d'établissement d'un nouveau système de poids et mesures. Le nom de notre confrère figure honorablement parmi ceux des commissaires que l'Académie chargea d'éclairer le public sur les avantages de mesures assujetties à la division décimale, et d'étalons pris dans la nature.

Lorsque la désaffection des faubourgs, entretenue par la commune, et surtout par Danton ; lorsque l'arrivée à Paris de cinq cents révolutionnaires marseillais pleins d'exaltation ; lorsque l'inqualifiable manifeste du duc de Brunswick, eurent amené, le 10 août 1792, un sanglant combat sur la place du Carrousel, la prise du château des Tuileries et la suspension provisoire de l'autorité royale, autant dire la déchéance définitive de Louis XVI, l'Assemblée législative eut à pourvoir sans retard à la création d'un conseil exécutif. C'est le nom qu'elle donna au ministère de son choix. Roland fut placé à l'intérieur, Servan à la guerre, Clavière aux fmances, Lebrun aux affaires étrangères, Danton à la justice. On avait songé à Condorcet pour la marine, mais il ne crut pas devoir accepter. Sur sa proposition, l'Assemblée nomma Monge, qui, après quelque hésitation, se dévoua.

Je vois, dans les écrits du temps, qu'on trouva très extraordinaire qu'un savant eût refusé d'être ministre, et plus encore, qu'il se fût décidé à désigner un confrère pour occuper cette position. Je ne prendrai pas la peine de discuter sérieusement l'épigramme, même en thèse générale. J'observerai seulement que le caractère loyal et élevé de Condorcet l'avait placé toute sa vie hors des atteintes de pareils traits.

Le jour de son installation, Monge ayant remarqué dans les appartements du ministre beaucoup plus de pièces qu'il ne lui en faudrait pour ses besoins personnels et pour ceux de sa famille, songea aussitôt à logei chez lui tous les officiers de marine qui viendraient à Paris en mission. Si je ne me trompe, Monge alla au delà du projet, et les ports militaires furent officiellement informés des intentions du ministre.

La Fontaine n'aurait pas fait autrement.

À l'époque où Monge devint ministre de la marine, toutes les régions de la France, et la ville de Paris en particulier, étaient dans la plus grande fermentation. Un décret de l'Assemblée législative venait de frapper de destitution les employés du gouvernement qui avaient adhéré à la pétition dite des dix mille. Presque tous les chefs de division, les chefs de bureau et les simples commis du ministère se trouvaient dans cette catégorie. Ils se présentèrent en masse à notre confrère, s'avouèrent signataires de la pétition fatale, et déclarèrent vouloir résigner leurs fonctions.

«Vous êtes signataires ? repartit Monge ; et qui vous le demande ? Non, non ! Messieurs ! parlons avec franchise ; vous désirez vous retirer, parce que le nouveau ministre n'a pas vos sympathies. Eh bien ! patientez : je suis ici pour peu de temps, soyez-en certains ; mon successeur vous conviendra peut-être mieux. »

Ces paroles naïves, affables, changèrent les dispositions de la plupart des employés, et l'administration centrale ne fut pas désorganisée.

Notre confrère ne réussit pas toujours aussi heureusement dans les démarches qu'il fit auprès des officiers de la flotte. Le plus grand nombre émigra. Monge eut au moins le bonheur, par ses prières, par ses supplications, car il crut s'honorer en allant jusque-là, de conserver à la France l'homme supérieur qui, à cette époque, était à la fois une des lumières de l'Académie des sciences et une des gloires de la marine. Tout le monde a déjà nommé M. de Borda.

Dans sa sollicitude inépuisable, Monge n'oublia pas M. Dubouchage, son prédécesseur au ministère. Pour lui assurer un refuge contre la terrible tempête qui menaçait déjà tous les favoris de l'ancienne cour, il le nomma inspecteur général de l'artillerie de marine.

Vous le savez, Messieurs, l'ennemi foulait le sol de la France, le trésor public était vide, des factions acharnées se disputaient déjà le pouvoir, lorsque Monge prit le timon de nos affaires maritimes ; l'activité énergique de notre confrère suppléa à tout dans les limites des possibilités. Les arsenaux se repeuplèrent ; on construisit, on arma plusieurs bâtiments. Enfin, quand le savant géomètre crut apercevoir qu'il pourrait quitter ses hautes et périlleuses fonctions sans se rendre coupable du crime de lèse-patrie, il donna sa démission.

C'était le 12 février 1793 ; Monge fut réélu le 17. Sa retraite définitive est du 10 avril. Il eut Dalbarade pour successeur.

Notre confrère quitta le pouvoir avec une sérénité d'âme, une tranquillité d'esprit que ne montrent guère ni les ministres disgraciés, ni même les ministres démissionnaires. Je puis sur ce point défier toute dénégation, car j'ai eu entre les mains quatre grandes pages couvertes de formules de mathématiques transcendantes, écrites par Monge le jour même de sa retraite.

MONGE PREND LA PART LA PLUS ACTIVE À LA CRÉATION DES MOYENS DE DÉFENSE DONT LA FRANCE AVAIT UN BESOIN IMPÉRIEUX.

La Convention avait décrété la levée de neuf cent mille hommes. Il ne fallait rien moins pour tenir tête à l'ouragan qui, de tous les points de l'horizon, allait fondre sur la France.

Bientôt un cri sinistre, un cri de détresse se fait entendre, et porte le découragement dans les esprits les plus fermes. Les arsenaux sont presque vides : on n'y trouverait pas la dixième partie des armes et des munitions que la guerre exigera. Suppléer à ce manque de prévoyance, d'autres disent à cette trahison calculée de l'ancien gouvernement, semble au-dessus des forces humaines.

La poudre ?

Depuis longtemps elle a en France, pour principale base, le salpêtre tiré de l'Inde, et l'on ne doit plus compter sur cette ressource.

Les canons de campagne ?

Le cuivre entre pour les quatre-vingt-onze centièmes dans l'alliage dont ils sont formés : or, les mines de France ne produisent du cuivre que dans des proportions insignifiantes ; or, la Suède, l'Angleterre, la Russie, l'Inde, d'où nous tirions ce métal précieux, nous sont fermées.

L'acier ?

Il nous venait de l'étranger ; l'art de le faire est ignoré dans nos forges, dans nos usines, dans nos ateliers.

La difficulté ne gît pas seulement dans la pauvreté des approvisionnements en matières premières. Si vous le voulez, remplissez, par la pensée, les magasins de l'État de salpêtre brut de l'Inde ; avant qu'il ait été purifié et rendu propre à la fabrication de la poudre, il s'écoulera un temps fort long, et le temps vous manque.

Possédez-vous d'immenses quantités de salpêtre déjà raffiné, on ne réussira pas à en faire un prompt usage ; car il n'existe, dans tout le royaume, qu'un nombre très borné de moulins à poudre, car on ne crée pas des établissements de cette espèce en quelques jours.

Les arsenaux regorgent-ils de cuivre ; avez-vous aussi de l'étain en abondance, cette richesse vous fera plus cruellement sentir encore la lenteur des moyens en usage pour mouler, pour forer et aléser les bouches à feu.

Tout annonçait que les neuf cent mille citoyens, déjà levés et enrégimentés, n'auraient à opposer aux légions ennemies que des bras désarmés, que des poitrines sans défense, et qu'après l'inutile sacrifice de tant de milliers de nobles cœurs, la république et l'indépendance nationale périraient sans retour.

Telles étaient les déductions douloureuses des faits, et l'impression générale des esprits, lorsque le comité de salut public fit un appel à la science.

Dans la première réunion des savants d'élite qui avaient été convoqués, la question de la fabrication de la poudre, la première de toutes par son importance et par sa difficulté, assombrit fortement les esprits. Les membres expérimentés de la régie ne la croyaient pas soluble. Où trouver le salpêtre ? disaient-ils avec désespoir. Sur notre propre sol, répondit Monge sans hésiter : les écuries, les caves, les lieux bas, en contiennent, beaucoup plus que vous ne croyez. Ce fut alors qu'appréciant avec hardiesse les ressources infinies que le génie possède, quand il s'allie à un ardent patriotisme, notre confrère s'écria : «On nous donnera de la terre salpêtrée, et trois jours après nous en chargerons les canons ! »

Parmi ceux qui entendaient cette exclamation de Monge, plusieurs peut-être se rappelèrent avec anxiété que le sublime touche souvent au ridicule ; mais les faits tranchèrent bientôt la question : l'exclamation resta sublime !

Des instructions méthodiques et simples furent répandues à profusion sur tous les points de la république, et chaque citoyen se trouva en mesure d'exercer un art qui jusque-là avait été réputé très-difficile ; et d'un bout de la France à l'autre, on voyait jour et nuit des vieillards, des enfants, des femmes, lessiver les terres de leurs habitations, et acquérir ainsi le droit de se dire : Moi aussi, j'ai contribué à la défense du pays !

On fouilla de même les demeures des animaux avec une ardeur sans exemple. Quant à l'approvisionnement de salpêtre brut, la plus entière sécurité succéda au désespoir.

La chimie inventa des moyens de purification nouveaux.

De simples tonneaux que des hommes faisaient tourner, et dans lesquels le soufre, le charbon et le salpêtre pulvérisés étaient mêlés avec des boules de cuivre, suppléèrent aux anciens moulins. La France devint une immense manufacture de poudre.

Le métal des cloches est un alliage de cuivre et d'étain, mais dans des proportions qui ne conviendraient pas aux armes de guerre. La chimie trouva des méthodes nouvelles pour séparer ces deux métaux. Les cloches des églises donnèrent ainsi tout le cuivre que les anciens centres d'approvisionnement nous refusaient. À défaut de l'Angleterre, de la Suède, de la Russie, de l'Inde, chaque village fournit son lingot du précieux métal.

Des hommes aveugles crièrent au sacrilège ! Leurs clameurs se dissipèrent comme un vain bruit. Quoi de plus religieux, dans la véritable acception de ce terme, que la défense de la liberté, de l'indépendance nationale !

À la voix de la patrie éplorée, les découvertes sur chaque objet naquirent aussi rapidement que les besoins. L'art de faire l'acier est ignoré, on le crée. Le sabre, l'épée, la baïonnette, la lance, la batterie de fusil, se fabriqueront désormais avec de l'acier français.

Le moulage en terre, en usage dans toutes les anciennes fonderies de canons, n'était pas assez expéditif pour les circonstances ; on le remplaça par le moulage en sable, beaucoup plus rapide.

Les moyens de forer, d'aléser les pièces reçurent aussi des perfectionnements importants. Le public suivait tous ces essais avec un intérêt très-vif, mêlé de quelque inquiétude.

Le jour où le premier canon moulé et foré très-rapidement put être essayé au Champ-de-Mars, la population parisienne se porta en foule sur les talus. Le succès fut salué par les plus bruyantes acclamations. De ce moment, on parut pouvoir compter avec assurance sur le triomphe de nos soldats, car chacun se disait : Ils auront des armes !

Pour mettre les établissements des départements au niveau de ceux de la capitale, on fit venir de chaque district de la République des citoyens choisis parmi les canonniers de la garde nationale. Fourcroy leur enseigna les moyens d'extraire et de raffiner le salpêtre ; Guyton-Morveau et Berthollet, la nouvelle manière de fabriquer la poudre ; Monge, l'art perfectionné de fondre, de forer et d'aléser les canons de bronze pour les armées de terre, et les canons de fonte de fer pour la marine.

Ces élèves d'une nouvelle espèce se montrèrent pleins de zèle, d'intelligence, et portèrent dans les districts l'instruction que nos confrères leur avaient donnée à Paris.

Monge consacrait ses journées à la visite des ateliers ; la nuit, il composait des notices propres à diriger les ouvriers, et même un ouvrage considérable, l' *Art de fabriquer les canons*, destiné à servir de manuel dans les usines particulières et les arsenaux de l'État.

Monge, en un mot, était l'âme de ce vaste, de cet immortel ensemble de travaux ; il dominait ses collègues par l'ascendant que donne un vif enthousiasme ; il les entraînait par l'exemple d'une activité dévorante.

Pour diminuer le mérite de notre confrère, on a dit que tout autre à sa place serait arrivé aux mêmes résultats ; qu'au milieu de l'effervescence qui s'était emparée des esprits au commencement de notre révolution, les idées nouvelles n'avaient presque pas besoin de patrons ; qu'elles se propageaient pour ainsi dire d'elles mêmes.

Je voudrais que le temps me permît de faire ici une histoire détaillée de l'adoption du télégraphe aérien en 1793. On y verrait à combien d'objections futiles Chappe fut exposé, même de la part d'hommes très-éminents ; on y verrait un des commissaires de la Convention ne donner son appui à l'invention qu'après avoir reçu, à Saint-Martin-du-Tertre, cette dépêche partie de Paris : « La Convention vient d'autoriser son comité de sûreté générale à apposer les scellés sur les papiers des représentants du peuple. » (Le représentant du peuple commissaire avait des papiers à cacher.) On y verrait la Convention tout entière ne se rendre qu'après avoir entendu cette remarque de Lakanal : « L'établissement du télégraphe est la première réponse aux publicistes qui pensent que la France est trop étendue pour former une République. Le télégraphe abrége les distances, et réunit, en quelque sorte, une immense population en un seul point. »

On y verrait, enfin, que dans tous les temps l'homme s'est laissé dominer par la routine, par une tendance invincible à tout apprécier, *à priori*, du haut de sa vanité, du haut d'une fausse science ; que les vérités, les inventions les plus utiles ne parvinrent jamais à occuper la place qui leur appartenait légitimement que de vive force et grâce à l'intervention persévérante de quelques esprits d'élite.

Le monde fourmille de personnes qui confondent la froideur avec la sagesse. Avez-vous l'âme ardente, l'imagination vive, le caractère décidé ? Si vous mettez ces qualités au service d'un principe, d'un système politique, vous devenez aussitôt un démagogue. L'expression blesse le sens commun ; n'importe : elle se propage incessamment par la parole, par la presse ; on s'habitue à la considérer comme une partie intégrante de votre nom. C'est ainsi que certains historiens de notre révolution sont arrivés, bien entendu sans articuler aucun fait précis, à parler de l'ardent démagogisme de Monge.

Devant une Académie des Sciences, tout doit être soumis au calcul. Je vais donc donner en chiffres la mesure exacte de ce prétendu démagogisme.

Avant la révolution de 89, à peine réussissait-on à extraire annuellement du sol de la France un million de livres de salpêtre.

On en tira douze millions en neuf mois, par les soins de la commission que Monge avait animée de son activité sans pareille.

Il n'y avait dans tout le royaume que deux fonderies de canons de bronze, lorsque l'Europe menaça notre indépendance.

Sous l'action de notre confrère, le nombre de ces fonderies s'éleva à quinze, et leur produit annuel à 7,000 pièces.

Les fonderies de canons en fonte de fer furent portées de quatre à trente, et les produits annuels de 900 pièces à 13,000.

Les usines pour la fabrication des bombes, des obus, des boulets et des attirails de l'artillerie, se multiplièrent dans les mêmes proportions.

Il n'existait qu'une manufacture d'armes blanches ; il y en eut bientôt vingt.

Paris vit avec étonnement fabriquer dans son enceinte 140,000 fusils par an. C'était plus que n'en fournissaient auparavant toutes les manufactures d'armes réunies. On créa des établissements analogues dans plusieurs des départements de la République les moins exposés aux attaques de l'ennemi.

Enfin, car il faut mettre un terme à cette énumération, au lieu de six ateliers de réparation pour les armes de toute espèce que possédait le pays avant la guerre, on en compta bientôt cent quatre-vingt-huit.

Qui ne serait heureux de la pensée de rendre à son pays de si nombreux, de si patriotiques, de si magnifiques services, dussent-ils être qualifiés de démagogiques par des historiens mal informés ou étourdis ?

Il ne sera peut-être pas inutile de jeter un coup d'œil rapide sur les circonstances extraordinaires au milieu desquelles Monge accomplit son œuvre patriotique.

Quoique l'illustre géomètre n'eût pas alors de fortune, ses fonctions, comme délégué du comité de salut public auprès des manufactures d'armes, n'étaient pas rétribuées. Aussi (je copie textuellement ces mots dans une note de la respectable compagne de notre confrère), aussi arrivait-il souvent qu'après ses inspections journalières, si longues et si fatigantes, dans les usines de la capitale, Monge, rentrant chez lui, ne trouvait pour diner que du pain sec. C'est aussi avec du pain sec, qu'il emportait sous le bras en quittant sa demeure à quatre heures du matin, que Monge déjeunait tous les jours. Une fois (les détails qui peignent un caractère et une époque ne sont jamais bas), une fois la famille du savant géomètre avait ajouté un morceau de fromage au pain quotidien. Monge s'en aperçut, et s'écria avec quelque vivacité : « Vous allez, ma foi, me mettre une méchante affaire sur les bras ; ne nous ai-je donc pas raconté qu'ayant montré la semaine dernière un peu de gourmandise, j'entendis avec beaucoup de peine le représentant Niou dire mystérieusement à ceux qui l'entouraient : « Monge commence à ne pas se gêner : voyez, il mange des radis ! »

Cette pénurie, dont aujourd'hui nous pouvons à peine nous faire une faible idée, faillit, vers la même époque, être fatale au célèbre géomètre.

Après une séance de douze heures dans les foreries de canons, il fut pris d'une esquinancie qui, dès le début, parut très-inquiétante. Berthollet ordonna un bain ; mais on dut renoncer à ce genre de traitement : il n'y avait pas de bois dans la maison de Monge pour faire chauffer de l'eau ; on n'aurait pas trouvé de baignoire dans le quartier.

De semblables incidents se présentaient chaque jour, sans faire aucune impression sur notre confrère. Il avait voué son esprit, son cœur, son âme, son corps, à la fabrication des armes dont les défenseurs de la patrie manquaient ; hors de ce cadre, tout lui paraissait petit, secondaire, insignifiant.

Voyez : madame Monge apprend que son mari et Berthollet ont été dénoncés. Tout éplorée, elle court aux informations, et trouve le célèbre chimiste assis paisiblement aux Tuileries, à l'ombre des marronniers ; le même avis lui est parvenu, mais il croit savoir que rien ne se fera ni contre lui ni contre son ami avant huit jours. « Ensuite, ajoute-t-il avec sa sérénité habituelle, nous serons certainement arrêtés, jugés, condamnés et exécutés. » Monge rentre ; sa femme, tout en pleurs, lui répète la terrible prédiction de Berthollet. « Ma foi, dit l'illustre géomètre, je ne sais rien de tout cela ; ce que je sais, c'est que mes fabriques de canons marchent à merveille ! »

On se demande souvent dans le monde comment, avec les plus faibles moyens, nos pères exécutèrent de si grandes choses ; ne viens-je pas, Messieurs, de répondre à la question ?

FUITE DE MONGE APRÈS LE 9 THERMIDOR. — RÉFUTATION DES CONSÉQUENCES QUE LA MALVEILLANCE EN AVAIT DÉDUITES.

Peu de jours après le 9 thermidor, Monge, dénoncé comme partisan de la loi agraire par son portier de la rue des Petits-Augustins, fut décrété d'accusation, et crut devoir se dérober par la fuite aux conséquences périlleuses de ce décret ; car, sous les thermidoriens, le tribunal révolutionnaire, d'odieuse mémoire, et les poignards des assassins, firent autant de victimes qu'avant la chute de Robespierre. La calomnie profita de la circonstance pour répandre son noir venin sur le caractère politique de notre confrère.

Il n'est dans ma nature ni de jeter un voile sur les difficultés que je rencontre ni d'essayer de les tourner. J'ai donc porté franchement mes investigations sur les imputations diverses qu'on fit planer sur Monge. Il est résulté de mon travail, je me plais à le proclamer, que jamais on n'avait accumulé autant de faits d'une fausseté plus manifeste, plus palpable. Quand cette biographie aura vu le jour, il ne restera plus aucune trace, j'en ai la certitude, de la trame odieuse dont notre confrère faillit devenir la victime. Je me bornerai ici, par le besoin d'abréger, à déclarer, avec la conviction de ne céder à aucune illusion, de ne me laisser aveugler ni par la reconnaissance ni par l'amitié, que Monge eut une véritable aversion pour les hommes qui avaient demandé à la terreur, à l'échafaud, la force d'opinion dont ils croyaient avoir besoin pour diriger la marche de la Révolution. L'illustre géomètre ne s'est jamais associé à la pensée méprisable que nos compatriotes ne pussent être poussés à la frontière que par l'horreur et la crainte des supplices quotidiens ; il aurait couvert de son indignation ces paroles d'un auteur légitimiste célèbre : « Le gouvernement révolutionnaire avait besoin d'endurcir le cœur des Français en le trempant dans le sang. » Enfin, Monge, qui dans ses travaux ne recourut jamais ni à un acte de rigueur ni, qui plus est, à une parole blessante ; Monge, qui exécuta de si grandes choses en se contentant d'exalter à propos l'amour du pays et de la liberté, aurait protesté de toutes les forces de sa belle âme contre cette décision de M. de Maistre, si déplorablement adoptée de nos jours : « Le génie infernal de Robespierre pouvait seul opérer un prodige, pouvait seul briser l'effort de l'Europe conjurée ! »

Le tribunal révolutionnaire, cet instrument docile et odieux, ne fut pas détruit immédiatement après le 9 thermidor ; néanmoins, on se berçait de l'espérance que les jugements cesseraient sans retour d'être une amère dérision ; qu'un sentiment général d'humanité succéderait enfin à la plus aveugle barbarie !

En prenant la fuite, Monge montra qu'il ne partageait pas ces illusions, et les événements justifièrent complétement ses défiances. Remarquons d'abord que Robespierre, Saint-

Just, Couthon, Henriot, avaient été exécutés sans jugement préalable, après une simple constatation d'identité, à la suite de la mise hors la loi.

Peu après, le tribunal révolutionnaire régénéré envoya soixante-douze membres de l'ancienne commune à l'échafaud, avec quelques tempéraments dans les formes de la procédure, mais sans plus d'hésitation que n'en montrait l'ancien tribunal lorsque, avant le 9 thermidor, il obéissait si aveuglément aux injonctions du comité de salut public. Les montagnards s'étaient défaits des girondins après le 31 mai ; les girondins victorieux se défirent, à leur tour, par l'échafaud ou par la proscription, de soixante-seize montagnards conventionnels. La tyrannie s'était seulement déplacée ; on fit, dans le Midi surtout (je cite le langage de l'époque), *la chasse aux jacobins* ; bien entendu que cette classe jacobine, alors maudite, s'étendait indéfiniment au gré des inimitiés personnelles et de la cupidité. Quand les meurtres individuels ne suffirent plus aux implacables réacteurs, on vit des massacres par masses, on égorgea dans les prisons : l'événement le plus justement flétri dans les désordres de la capitale se reproduisit sur beaucoup de points du territoire ; un grand nombre de villes eurent, comme Paris, d'horribles 2 septembre à enregistrer dans leurs annales.

Fallait-il vraiment s'étonner qu'un père de famille, qui avait su prévoir ces épouvantables désordres, eût voulu se soustraire aux poignards des réacteurs ? Vous ne le penserez pas, Messieurs ; et cependant, je dois le répéter, la fuite momentanée de Monge, après le 9 thermidor, a été une des bases fragiles sur lesquelles on s'est fondé pour faire de notre confrère soit un terroriste farouche (c'est l'imputation dans toute sa crudité), soit un démagogue, car telle est l'épithète que les histoires de la Révolution les plus répandues accolent sans hésiter au nom de l'illustre géomètre.

J'avais résolu de porter mes investigations non-seulement sur les imputations écrites, celles dont quelqu'un répond, mais encore sur les imputations plus dangereuses qui se propagent par la conversation. J'ai dû renoncer à mon projet. En temps de révolution, les partis songent beaucoup plus à frapper fort qu'à frapper juste ; ils se servent d'armes empoisonnées ; ils ne reculent pas même devant l'emploi de la plus dangereuse de toutes : la calomnie !

La calomnie orale a plusieurs fois répandu son venin sur le caractère politique de l'illustre géomètre ; mais elle a oublié qu'on manque le but en le dépassant ; elle s'est tuée elle-même par le dévergondage de ses inventions hideuses ; elle ne peut plus exciter que le profond mépris des honnêtes gens de toutes les opinions. Ainsi, je relèverai seulement trois ou quatre imputations contenues dans des ouvrages où le public pouvait espérer de trouver la vérité sur toutes choses.

Je vois, dans une multitude d'écrits, des allusions très directes aux votes de Monge dans nos assemblées. Napoléon lui-même, à Sainte-Hélène, citait notre confrère comme ayant voté la mort de Louis XVI.

Voilà de bien singulières erreurs. Les unes doivent être qualifiées d'involontaires ; les autres ont été propagées par les méchants, que toute vie honnête importune, ou par des esprits légers, presque aussi dangereux que les méchants. Deux mots, et il n'en restera plus de trace.

Monge n'a jamais figuré dans aucune de nos assemblées politiques. Peu de temps avant la campagne d'Égypte, la ville de Marseille l'avait choisi pour la représenter au conseil des Cinq-Cents, mais le départ de l'expédition l'empêcha de siéger.

Monge était sans frein, sans mesure, contre quiconque n'adoptait pas ses idées politiques ! Les actes du ministre ont déjà répondu. — Voici un fait non moins décisif :

Monge se donna pour collègue à l'École polytechnique, en 1794, d'Obenheim, un de ses anciens élèves de Mézières, qui avait déserté en octobre 1793 l'armée républicaine et pris du service parmi les Vendéens.

À l'époque où les besoins de la défense nationale exigeaient que la population presque en masse se portât à la frontière ; à l'époque où l'on pouvait craindre que nos armées ne fussent pas assez nombreuses pour résister aux efforts des innombrables légions ennemies marchant à la curée de la France, Monge promit de donner ses deux filles en mariage aux deux premiers soldats qui seraient blessés à la frontière. Napoléon racontait cette anecdote à ses compagnons d'exil à Sainte-Hélène.

Supposons un moment le fait exact, qu'en pourra-t-on conclure ? Le citoyen voulait évidemment dire qu'aucun sacrifice ne doit coûter quand l'indépendance nationale est menacée, et le père de famille, pour rendre sa pensée en quelque sorte palpable, citait ce qu'il avait de plus précieux au monde.

Puisque les paroles de Monge ont été prises dans leur sens littéral, on peut regretter qu'il les ait prononcées ; mais j'affirme que personne n'osera blâmer le sentiment honorable qui les a inspirées.

J'ajoute maintenant, d'après le témoignage de madame Monge, que son mari n'a probablement jamais tenu le propos qu'on lui a prêté. Notre illustre confrère avait trop de délicatesse dans le cœur et dans l'esprit pour avoir jeté le nom de ses filles dans l'arène des partis.

Lisons les biographies, et nous y verrons que Monge conservait les habitudes révolutionnaires à une époque où tout le monde les répudiait ; on rappelle, par exemple, qu'à l'École normale, en 1794, dans les séances qui portaient le nom de *débats*, il était le seul professeur qui tutoyât les élèves.

On aurait pu étendre le reproche : ce n'est pas seulement aux écoles normales que Monge commettait *l'immense faute* qu'on lui impute ; deux mille élèves se rappellent qu'il les tutoyait à l'École polytechnique. De la part de tout autre professeur, cette familiarité eût semblé peut-être extraordinaire ; elle coulait de source, pour ainsi dire, de la bouche de Monge : un père ne pouvait parler autrement à ses enfants.

Si l'excuse n'est pas acceptée, je me soumettrai, car je n'ai point entendu faire de Monge un personnage idéal, absolument sans défauts ; je m'engagerai même, pour peu qu'on en manifeste le désir, à demander à la commission chargée de présider à l'exécution de la statue qui doit être érigée à notre confrère, sur la principale place de Beaune, d'écrire sur un des bas-reliefs, à côté des mots sonores d'École polytechnique, de géométrie descriptive, d'analyse appliquée : Monge tutoyait ses élèves.

Pendant que Monge était ministre de la marine, plusieurs actes du gouvernement blessèrent à la fois les principes éternels de la justice, les sentiments sacrés d'humanité et les règles d'une saine politique ! Voilà le texte d'un des principaux reproches adressés à notre confrère. Qu'on me permette quelques lignes de commentaire.

Pendant que Monge remplissait les fonctions de ministre de la marine, sous la Convention, lui et ses collègues n'étaient guère que les serviteurs très-subordonnés de la terrible assemblée. Ceux qui, trompés par l'identité du titre, s'imagineraient que les ministres de 1793 possédaient quelque chose d'analogue à la puissance d'un Richelieu, d'un Mazarin, d'un Louvois, d'un Fleury, etc., ou même à l'influence des ministres des gouvernements constitutionnels ; ceux-là, dis-je, seraient très-peu préparés à apprécier les événements de notre révolution.

Il est des temps, a-t-on dit, où l'homme de cœur ne doit pas rester dans les emplois publics ! Il est des temps où donner sa démission est l'accomplissement d'un devoir.

J'accepte ces aphorismes en thèse générale ; je dirai seulement qu'ils sont sans application quand l'indépendance nationale est en péril. En de pareilles circonstances l'honnête homme peut aller jusqu'à s'écrier, avec un personnage fameux dans nos fastes révolutionnaires : « Périsse ma réputation plutôt que mon pays ! »

Ajoutons cependant que, tout en contribuant avec une activité sans pareille et un succès vraiment inouï à la défense de la patrie, Monge n'a jamais eu besoin de mettre sa réputation en péril.

Pour se débarrasser du ministère de la marine, en 1793, Monge avait parlé de ce qu'il appelait son incapacité politique et administrative en des termes si catégoriques, si positifs, que beaucoup de personnes le prirent au mot. Il en fut tout autrement des corps constitués. Le nom de notre confrère figura, en effet, deux fois dans les listes des candidats aux fonctions de membre du Directoire exécutif.

On était alors bien près des événements terribles pendant lesquels tous les hommes publics s'étaient montrés à nu ; on savait la source des calomnies, écrites ou verbales, que les partis se renvoyaient mutuellement pendant nos troubles. Ce fut donc avec une connaissance complète des faits, avec tous les moyens de les apprécier, que des sociétés populaires donnèrent à Monge la plus haute marque de confiance et d'estime, et qu'elles le désignèrent pour une des cinq places de directeur de la république, ou, comme disaient les adversaires du gouvernement d'alors, pour un des cinq rois de France. En présence d'un pareil hommage, ne serait-il pas insensé de s'arrêter à des inculpations anonymes et sans aucune apparence de fondement ?

Monge réunissait en lui deux choses qui semblent s'exclure mutuellement : la fougue et la douceur. Telle est l'origine des jugements si divers qu'on a portés sur son caractère politique.

ÉCOLE NORMALE.

Peu de temps après le 9 thermidor, la Convention sentit le besoin de réorganiser l'instruction publique. Les professeurs manquaient dans tous les départements ; elle décida qu'il en serait créé dans le moindre délai possible, et les écoles normales naquirent. J'ai raconté ailleurs en détail les services rendus par l'établissement sans modèle, où il fut permis à Monge de professer publiquement, pour la première fois, la géométrie descriptive. Ses leçons orales, recueillies par des sténographes, forment la partie principale de l'ouvrage dont on est redevable à notre confrère. Cet ouvrage s'est répandu depuis avec un grand avantage dans toutes nos écoles, dans les usines, dans les manufactures, dans les plus humbles ateliers, où il sert de guide sur et invariable à l'art des constructions. Je dirai, comme dans la biographie de Fourier : les écoles normales périrent de froid, de misère et de faim, et non pas à cause de quelques vices dans leurs règlements, qu'on eût pu facilement corriger. On ne se trompe pas moins lorsqu'on prétend que la Convention elle-même hâta de tout son pouvoir la dispersion des quinze cents élèves dont se composait l'École normale de Paris, parce qu'ils étaient imbus d'idées peu démocratiques. Propagateurs de cette calomnie, voulez vous être détrompés, parcourez l'analyse de la séance d'installation ; vous y trouverez qu'au moment de la lecture de la loi conventionnelle qui créait l'établissement, tous les élèves et les spectateurs se découvrirent et se levèrent d'un mouvement spontané en témoignage de respect.

Voyez ensuite la leçon, la seconde, où Daubenton parlait des abus du style pompeux dans l'histoire naturelle ; vous y trouverez cette phrase : « On a appelé le lion le roi des animaux ; il n'y a point de roi dans la nature ; » et les applaudissements, les acclamations que ces mots excitèrent dans le vaste amphithéâtre du Jardin des Plantes, où se réunissaient les élèves de l'École normale, vous diront si les auditeurs qui le remplissaient étaient animés de sentiments républicains. Les mérites des écoles actuelles ne pourraient-ils donc être célébrés sans déverser le mensonge et l'outrage sur les créations analogues qui les ont précédées ? Ne serait-il pas d'ailleurs de toute justice de faire la part des circonstances très difficiles dans lesquelles nos pères essayaient de reconstruire ce que la Révolution avait balayé sur tous les points du territoire.

QUEL FUT LE FONDATEUR DE L'ÉCOLE POLYTECHNIQUE[1] ?

En France, le public semble éprouver l'invincible besoin de rattacher un nom d'homme au nom de chacune des institutions qui font la gloire et la force de notre pays. C'est ainsi que les mots fortification et Vauban sont devenus inséparables, que le premier n'est presque jamais prononcé sans le second ; c'est ainsi qu'on est obligé de faire une sorte d'effort sur soi-même pour ne pas ajouter Buffon après avoir dit Jardin des Plantes ; et, revenant à mon sujet, c'est ainsi que le nom de Monge semble être l'accompagnement obligé du nom d'École polytechnique.

Ces réflexions me conduisent à examiner si vraiment le public, jusqu'à ces dernières années, a été le jouet d'une illusion ; si Monge, comme on l'a soutenu récemment, ne fut pas le fondateur réel de notre grande École ; si parmi les trois ou quatre prétendants posthumes à cet honneur insigne, il en est un seul dont les titres puissent résister à une discussion sérieuse.

Voulons-nous que cette sorte de personnification des grandes institutions, que cette haute récompense accordée spontanément par tout un peuple, excite l'émulation des hommes d'élite, les soutienne dans leurs pénibles travaux, enflamme leur courage, ne souffrons pas que l'intrigue se substitue jamais au mérite modeste, qu'elle se pare d'hommages qui ne lui sont pas dus.

La question ainsi posée, j'avertis que, pour la résoudre, je n'ai reculé devant aucun développement, que je ne me suis pas laissé détourner de mon but, même par la crainte de vous fatiguer. Pouvais-je m'abandonner à de misérables calculs d'amour-propre lorsqu'il s'agissait de la gloire la plus pure de notre confrère et d'un établissement dont on a dit avec toute raison que c'est plus qu'une grande école, que c'est une institution nationale. Les historiens ayant oublié que l'institution polytechnique méritait une large place dans le tableau de la Révolution française, c'est aux biographes à s'en souvenir et à combler la lacune.

Pour prononcer un jugement éclairé sur le mérite dont un architecte a fait preuve dans la construction d'un édifice, les hommes consciencieux ne manquent jamais de s'enquérir de l'ancien état du sol, du nombre, de la grandeur et de la position des bâtisses de toute nature qui le couvraient antérieurement ; des modifications que les préjugés, que l'intérêt privé, non moins tenace, forcèrent d'apporter aux conceptions primitives de l'artiste.

Suivons cette marche si nous voulons apprécier sainement les travaux de la Convention, de cette assemblée justement immortelle par l'énergie, par l'héroïsme qu'elle déploya dans la mission sainte de défendre le territoire de la France contre l'Europe coalisée, et qui, malheureusement dominée par d'affreuses circonstances, commit des actes odieux, dont le seul souvenir remue douloureusement jusqu'au fond de l'âme tout citoyen jaloux de la gloire de son pays.

À l'époque où la Révolution française éclata, le royaume possédait plusieurs écoles spéciales. L'enseignement pour le génie militaire était concentré dans le célèbre établissement de Mézières, dont nous avons déjà parlé en détail. L'artillerie, après avoir eu successivement une école particulière à La Fère (1756) et à Bapaume (1772), préparait, exerçait ses jeunes officiers à Châlons-sur-Marne. Les élèves destinés à la carrière des ponts et chaussées étaient réunis à Paris, dans l'école fondée en 1747 sous le ministère de Trudaine. L'École des mines, d'une date beaucoup plus récente, et celle des constructeurs de vaisseaux, avaient également leur principal siége dans la capitale. Pour compléter cette énumération, je devrais dire où se formaient les ingénieurs-géographes, mais je ne suis pas parvenu à le découvrir !

Ces diverses écoles étaient languissantes, par des causes que nous devons rechercher.

Je ne reviendrai point sur la prescription odieuse qui écartait irrévocablement de l'école de Mézières tout candidat, quel que fût son mérite, dont les parents ne pouvaient pas prouver qu'ils avaient toujours vécu noblement. Je signalerai seulement ici comme vices radicaux de cette école la clandestinité des examens d'admission et de sortie ; l'absence complète de leçons orales communes, de leçons données aux élèves dans des amphithéâtres, de leçons qui auraient tant facilité les travaux graphiques qu'on devait exécuter dans les salles ; peut-être encore ne dois-je pas oublier l'isolement dans lequel des préoccupations aristocratiques tenaient le professeur de dessin.

L'école de Châlons mérite à peine de nous occuper par quelques mots de critique. Les examens y étaient publics, mais très-faibles, les moyens d'étude intérieurs presque nuls. Là, point de cabinet de physique ou de laboratoire de chimie, point de bibliothèque, point de collections d'aucune espèce : le matériel se réduisait à quelques pièces de canon de divers calibres.

L'établissement de Châlons, malgré toute sa pauvreté, primait encore de cent coudées l'École des ponts et chaussées. Les examens pour l'artillerie étaient assurément peu difficiles ; mais, tout considéré, il y avait examen ; on entrait, au contraire, à l'École des ponts et chaussées sans avoir été soumis à aucune sorte d'épreuve.

Le recrutement de l'artillerie s'effectuait d'après des règles certainement mesquines ; mais ces règles étaient du moins déterminées et connues du public. Il n'existait point de règle pour le recrutement des ingénieurs civils ; la faveur seule décidait du choix des candidats. L'école de Châlons avait deux professeurs pour l'enseignement des sciences ; c'était assurément très-peu ; en bien, aucun professeur en titre n'était attaché à l'école de Paris ; les élèves les plus forts aidaient leurs camarades quand ils en avaient le temps et la volonté. Certains jours de la semaine, ces futurs ingénieurs allaient tous ensemble assister, en ville, aux leçons particulières de tel ou tel professeur de physique et de chimie à la mode.

C'était aussi chez des professeurs particuliers de Paris que des ingénieurs constructeurs de vaisseaux recevaient généralement leur complément d'instruction sur les mathématiques et sur la physique. L'exécution graphique des plans de navires était seule soumise à un contrôle officiel et régulier. Hâtons-nous de le déclarer, ce qu'une pareille organisation offrait de défectueux était corrigé en partie par les exercices pratiques faits chaque année dans les chantiers de nos ports de guerre, surtout par l'influence toujours féconde d'examens, disons mieux, de concours d'entrée et de sortie.

Avant la Révolution, le service des mines n'avait en France qu'une importance très-médiocre. La mode, ce tyran aveugle et tout-puissant dans notre pays, conduisait d'ailleurs à l'étranger la plupart de ceux qui aspiraient au titre d'ingénieur. En encourageant cette tendance, le gouvernement condamnait sa propre école. Aussi, quoiqu'elle renfermât presque autant de professeurs que d'élèves, ne fit-elle que végéter.

Les ingénieurs-géographes échapperont, par une raison singulière, au genre d'investigation que je me suis imposé : ils s'étaient décidés, eux, à n'avoir point d'école, à s'abandonner, pour le recrutement de leur corps, à ce qui, de tout temps, occupa une bien grande place dans les événements heureux ou malheureux dont notre pays fut le théâtre : au hasard. Du point de vue rétréci de l'intérêt ou de l'amour-propre, les géographes paraîtront moins inconséquents qu'on ne pourrait le croire. Pourquoi se seraient-ils imposé des études délicates, pénibles, lorsque l'autorité leur avait accordé un droit absolu, exclusif, sur toute opération ayant trait à la géodésie, à la géographie ; lorsque les officiers du génie, à qui on enseignait ces sciences à Mézières, étaient obligés, aux termes d'une ordonnance formelle, de s'abstenir d'en faire aucune application dans leur service ?

Telles étaient, dans le glorieux royaume de France, les institutions mesquines d'où sortaient, avant la Révolution, les officiers, les ingénieurs des corps savants.

Le moment est maintenant venu de raconter comment nos pères les remplacèrent ; comment ils en bannirent tout ce qui portait la trace du privilége, de la routine ; comment l'École polytechnique devint le pivot sur lequel roule majestueusement, depuis plus de cinquante années, un ensemble d'institutions dont aucun pays, dont aucun siècle n'avait offert le modèle.

En 1793, la France soutenait sur toutes ses frontières une immense et glorieuse lutte contre les armées de l'Europe coalisée. Les ingénieurs militaires manquant, deux lois de la Convention, en date du 9 mars et du 16 septembre, mirent tous les ingénieurs civils à la disposition du ministre de la guerre. Il ne fallait rien moins que la voix impérieuse de la nécessité pour légitimer une détermination si radicale. Il est certain qu'elle amena, qu'elle devait amener la désorganisation complète de l'École des ponts et chaussées.

Les jeunes gens arrivés dans cette école en 1794 n'y trouvèrent aucun moyen d'étude. Leur instruction première était d'ailleurs à peu près nulle. Les autres écoles d'application avaient aussi ressenti plus ou moins fortement le contre-coup de la mesure conventionnelle. Tout annonçait que cet état fâcheux durerait un grand nombre d'années. Le successeur de Perronet à la direction de l'École des ponts et chaussées, l'habile ingénieur Lamblardie, pensa que, pour porter un remède efficace au désordre dont il devait plus que personne être frappé, que pour empêcher de semblables difficultés de se reproduire, on pourrait créer une école préparatoire commune à tous les services publics ; une école où l'on enseignerait les principes généraux des sciences, également indispensables aux ingénieurs civils et aux ingénieurs militaires.

Telle est l'idée juste, mais en vérité bien vague dans sa généralité, sur laquelle on s'est appuyé pour faire de Lamblardie le créateur de l'École polytechnique. S'il était vrai qu'un aperçu aussi peu développé légitimât la conséquence qu'on en a tirée, le titre de créateur de notre grande École appartiendrait de plein droit au comité de salut public. Je trouve, en effet, dans le décret en date de février 1794, sur la translation à Metz de l'école de Mézières, un paragraphe où l'on préconise (je cite les paroles textuelles) « les avantages attachés à un centre, réunion de toutes les branches de l'instruction relative aux travaux publics. »

Monge adopta avec enthousiasme la pensée d'une école commune, où l'État réunirait les jeunes gens destinés à le servir dans les diverses branches des professions et des armes savantes ; il fit goûter ce projet aux membres du comité de salut public, surtout à Fourcroy, à Carnot et à Prieur de la Côte-d'Or. Par l'influence du savant chimiste et des deux anciens officiers du génie, élèves de Mézières, la Convention, en créant, le 11 mars 1794, une commission qui devait présider aux constructions civiles et militaires dans toute l'étendue de la République, lui enjoignit de s'occuper sans retard « de l'établissement d'une école centrale des travaux publics, du mode d'examen de ceux qui seraient appelés à en suivre les leçons. »

Au temps dont nous parlons, les décrets n'étaient jamais une lettre morte. Pour répondre aux ordres de la Convention, la commission des travaux publics choisit, au Palais-Bourbon, le local où la nouvelle école serait installée ; elle le fit appropriera cette destination, et, puisant à pleines mains dans des dépôts publics, elle forma un cabinet de minéralogie, un cabinet de physique, un cabinet de modèles, une bibliothèque et une riche collection de gravures et de rondes bosses pour le dessin d'imitation. Vingt-cinq artistes travaillèrent, nuit et jour, à l'exécution des épures qui devaient servir à l'enseignement de la géométrie descriptive. Il restait à assurer par une loi l'allocation annuelle de la somme considérable sans laquelle ces immenses préparatifs n'auraient pas eu de résultat ; il restait à trouver, à faire adopter pour la nouvelle école une organisation forte, satisfaisant par sa libéralité à des principes, à des droits sur lesquels le public avait des idées très-arrêtées, et qui, du point de vue des études, primât toutes les institutions connues. Tel fut l'objet du projet de loi que le comité de salut public fit présenter par Fourcroy, un de ses membres, à la Convention nationale. Le rapport du célèbre chimiste était écrit avec une grande lucidité. La loi passa le 28 septembre 1794 (7 vendémiaire an III) sans aucune opposition.

La loi d'organisation de l'École des travaux publics, nommée plus tard École polytechnique, fut rendue sur le rapport de Fourcroy. Le savant conventionnel est donc le fondateur réel de cette école célèbre. Voilà, dans toute sa simplicité, le raisonnement sur lequel tant de personnes se sont appuyées pour substituer le nom de l'auteur du *Système des connaissances chimiques* aux noms de Lamblardie et de Monge ; voilà comment Fourcroy en était venu lui-même à se persuader que ses droits au titre de fondateur l'emportaient sur ceux de l'homme de génie à qui nous sommes redevables de la géométrie descriptive.

Dans les sociétés modernes, aucune affaire n'arrive à son terme qu'après avoir passé par une multitude de filières. De là mille conflits d'amour-propre entre les personnages du monde politique ou du monde administratif à qui ces filières se trouvent confiées. On s'exagère si volontiers l'importance des actes auxquels on a pris part ! Voyez le conseiller municipal, cette contre-épreuve si exacte de l'ancien échevin. A-t-il, en forme de rapport, juxtaposé quelques lignes concernant les projets laborieusement étudiés d'un ingénieur consommé, d'un architecte habile, d'un peintre célèbre ; si ce rapport dans la hiérarchie administrative a précédé immédiatement le vote d'adoption des travaux, l'échevin ne parle plus, sa vie durant, que du majestueux canal dont le commerce lui est redevable ; que du splendide édifice qu'il a fait élever ; que des magnifiques peintures qui, grâce à lui, ornent les murs de l'antique basilique ou du temple nouvellement sorti de terre, etc.

Soyons justes, l'échevin n'est pas un personnage exceptionnel. Le monde fourmille de membres de nos assemblées législatives dont les prétentions, dont les dis cours donneraient lieu à de semblables remarques. En cherchant bien, on découvrirait quelque honorable député qui se dit, qui se croit même l'auteur d'une de nos lois les plus importantes, sans aucun autre fondement que celui d'avoir, par sa boule tardive, complété, le jour du vote, le nombre minimum de boules fixé par le règlement.

Dieu me préserve de réduire à ces proportions mesquines, j'allais dire à ces proportions risibles, l'intervention de Fourcroy dans l'organisation de l'École polytechnique. Son rapport fut souvent éloquent, toujours lumineux. La loi renfermait assurément un grand nombre de dispositions excellentes ; mais serait-il juste d'en faire exclusivement honneur au célèbre chimiste ? Plusieurs de ces dispositions vitales ne provenaient-elles pas d'une autre source ? Telle est la question.

La loi stipulait que les élèves seraient classés et reçus d'après une liste générale, par ordre de mérite, formée, à la suite d'un concours ouvert dans vingt-deux des principales villes de la République. Le fils d'un ancien duc et pair ne devait avoir aucun privilége sur le fils du plus humble artisan ; la cabane et le palais se trouvaient placés sur la même ligne.

Un traitement était accordé aux élèves. Supprimez ce traitement, et l'égalité décrétée dans le premier article n'est plus qu'un vain mot, et les enfants des pauvres, quel que soit leur mérite, n'ont plus de place dans la nouvelle école qu'en théorie.

Ces dispositions, grandes et fécondes, n'étaient au fond que la conséquence immédiate et nécessaire du principe d'égalité, celle de toutes les conquêtes de notre révolution sur laquelle le public aurait le moins facilement transigé.

Les membres les plus obscurs, disons mieux, les membres les plus arriérés de la Convention les auraient eux-mêmes introduites dans la loi. Il n'était nullement nécessaire de s'appeler Fourcroy ou Carnot pour comprendre qu'une école nationale entachée de quelque privilége n'aurait pas vécu seulement dix jours dans un temps où la tribune retentissait, aux applaudissements de tous, de ces paroles caractéristiques : L'égalité est plus qu'un principe, elle est un sentiment.

Le rapport de Fourcroy était accompagné d'une pièce intitulée : *Développements sur l'enseignement adopté pour l'École centrale des travaux publics.* Ces développements parurent sans nom d'auteur, mais l'empreinte profonde de la main de Monge se voyait dans l'ensemble du travail et dans les détails ; l'ancien professeur de Mézières était alors en Europe le seul mathématicien capable de parler avec tant d'autorité de la géométrie descriptive et du mode d'enseignement qui devait la rendre populaire et usuelle.

La durée du cours complet d'études polytechniques avait été fixée à trois ans. De là, trois classes, trois divisions, parmi les élèves. Ne vous semble-t-il pas que trois ans durent s'écouler avant que le pays tirât aucun fruit de la nouvelle école ? Détrompez-vous, Messieurs : les besoins publics n'auraient pas pu s'accommoder d'un pareil délai ; d'ailleurs, on faisait alors peu de cas des promesses à long terme. Il fallut donc découvrir un moyen de créer rapidement des ingénieurs instruits, sans porter atteinte à l'organisation savante qui venait d'être décrétée. L'expédient que l'on adopta caractérise trop bien l'esprit entreprenant de cette grande époque pour ne pas mériter de nous arrêter un instant.

Environ quatre cents élèves furent reçus dès la première année. C'était à ce nombre que d'ordinaire devait s'élever l'ensemble des trois divisions. Les quatre cents élèves, réunis momentanément en une division unique, reçurent, pendant les trois mois qui suivirent leur installation, un enseignement accéléré qu'à raison de cette circonstance le rapport de Fourcroy qualifia d'enseignement révolutionnaire.

L'enseignement révolutionnaire embrassa sous une forme concentrée toutes les matières qui, suivant la marche régulière des programmes, devaient être réparties sur trois années. L'enseignement révolutionnaire permit, au bout de trois mois, de faire entre les élèves un triage intelligent, de les partager en trois groupes de forces dissemblables, d'en former les trois divisions instituées par le projet de loi. Dès sa naissance, l'École se trouva ainsi en activité dans toutes ses parties.

Rien ne semblait plus propre à assurer la marche de la nouvelle école que la création des chefs de brigade. Ce nom était réservé à des élèves qui, ayant déjà suivi avec succès les leçons des trois années et voulant s'adonner aux sciences, consentaient à reprendre une seconde fois le même cours d'études. Les chefs de brigade, toujours réunis à de petits groupes d'élèves dans des salles séparées, devaient avoir des fonctions d'une importance extrême : celles d'aplanir les difficultés à l'instant même où elles surgiraient. Jamais combinaison plus habile n'avait été imaginée pour ôter toute excuse à la médiocrité ou à la paresse.

Cette création appartenait à Monge. A Mézières, où les élèves du génie étaient partagés en deux groupes de dix, à Mézières, où, en réalité, notre confrère fit quelque temps, pour les deux divisions, les fonctions de chef de brigade permanent, la présence, dans les salles, d'une personne toujours en mesure de lever les objections avait donné de trop heureux résultats pour qu'en rédigeant les développements joints au rapport de Fourcroy, cet ancien répétiteur n'essayât pas de doter la nouvelle école des mêmes avantages.

Monge fit plus ; il voulut qu'à la suite des leçons révolutionnaires, qu'à l'ouverture des cours des trois degrés, les vingt-cinq sections de seize élèves chacune, dont l'ensemble des trois divisions devait être composé, eussent leur chef de brigade, comme dans les temps ordinaires ; il voulut, en un mot, que l'École, à son début, marchât comme si elle avait déjà trois ans d'existence.

Voici comment notre confrère atteignit ce but en apparence inaccessible.

Il fut décidé que vingt-cinq élèves, choisis par voie de concours parmi les cinquante candidats que les examinateurs d'admission avaient le mieux notés, deviendraient les chefs de brigade des trois divisions de l'École, après avoir toutefois reçu à part une instruction spéciale. Le matin, ces cinquante jeunes gens suivaient, comme tous leurs camarades, les cours révolutionnaires ; le soir, on les réunissait à l'hôtel Pommeuse, près du Palais-Bourbon, et divers professeurs les préparaient aux fonctions qui leur étaient destinées. Monge présidait à cette initiation scientifique avec une bonté, une ardeur, un zèle infinis. Le souvenir de ses leçons est resté gravé en traits ineffaçables dans la mémoire de tous ceux qui en profitèrent. Ayant à caractériser cette première phase de l'École polytechnique, je ne saurais mieux faire que d'extraire quelques lignes d'une Notice intéressante, publiée il y a vingt-huit ans par un des cinquante élèves de la maison Pommeuse, par M. Brisson.

« C'est là, disait le célèbre ingénieur des ponts et chaussées, que nous commençâmes à connaître Monge, cet homme si bon, si attaché à la jeunesse, si dévoué à la propagation des sciences. Presque toujours au milieu de nous, il faisait succéder aux leçons de géométrie, d'analyse, de physique, des entretiens particuliers où nous trouvions plus à gagner encore. Il devint l'ami de chacun des élèves de l'École provisoire ; il s'associait aux efforts qu'il provoquait sans cesse, et applaudissait, avec toute la vivacité de son caractère, aux succès de nos jeunes intelligences. »

Les études mathématiques, si justement qualifiées de *logique en action*, ont montré la complète inutilité de la foule de règles pédantesques dont nos pères avaient prétendu faire une science, et qui devait énerver l'esprit plutôt que le fortifier. J'oserai ajouter, sans craindre de tomber dans un paradoxe, que des études dans lesquelles il faut, à chaque pas, tracer une ligne de démarcation nette et précise entre le vrai et le faux, sont très propres à développer le sens moral. Monge partageait cette opinion. Il comptait tout autant sur les sentiments élevés des cinquante aspirants aux fonctions de chef de brigade que sur leur savoir. Aussi, lorsqu'il fallut désigner entre ces jeunes gens les vingt-cinq plus capables, Monge crut pouvoir se dispenser d'intervenir. Sur sa proposition, les aspirants firent eux-mêmes les choix au scrutin de liste, à la majorité absolue. Un seul tour suffit pour décider des vingt-cinq nominations ; dix-sept candidats obtinrent plus des trois quarts des voix ; les huit autres plus des deux tiers. Parmi ces vingt-cinq premiers chefs de brigade de l'École polytechnique, il en est un bon nombre, Malus, Biot, Lancret, Francœur, etc., dont les travaux ont complétement justifié l'opinion favorable que les jeunes votants de l'hôtel Pommeuse avaient manifestée.

Ces marques d'honnêteté et d'intelligence, données par les premiers élèves de l'École polytechnique, contribuèrent trop puissamment à la renommée de notre grand établissement national pour être passées sous silence. Ajoutons que le nom de Monge se montra presque toujours dans les manifestations qui honorèrent cette brillante jeunesse.

Lorsque, après tant de dispositions préliminaires, l'École polytechnique s'ouvrit, Monge recommença pour les quatre cents élèves des trois divisions tout ce qu'il avait fait pour les cinquante élèves de l'École préparatoire. Ses nombreuses leçons, données dans les amphithéâtres, sur l'analyse, la géométrie, la physique, ne l'empêchaient pas d'aller dans les salles d'étude lever les difficultés qui eussent entravé la marche des études. Ces visites se prolongeaient souvent jusqu'à l'heure de la sortie de l'École ; alors, groupés autour du professeur illustre, les élèves l'accompagnaient jusqu'à sa demeure, jaloux de recueillir encore quelques-uns des ingénieux aperçus qui jaillissaient, semblables à des éclairs, de la plus féconde imagination dont l'histoire des sciences ait conservé le souvenir.

À peine irons-nous aujourd'hui jusqu'à concevoir la possibilité de ces entretiens savants qui se continuaient le long de la rue de l'Université, au très-grand avantage d'une cinquantaine de jeunes gens. L'École, dans ses premières années, nous offrirait d'autres exemples des relations, en quelque sorte patriarcales, qui s'étaient établies entre les professeurs et les élèves, et dont aujourd'hui il ne reste plus que le souvenir. À cet égard, les habitudes sont totalement changées. Est-ce un bien ? est-ce un mal ? Je dis modestement que c'est un fait, et je le livre à ceux qui jugeront utile de mettre en parallèle les diverses phases de notre grande institution.

Pour montrer que les services de Fourcroy primaient ceux de Monge, les partisans du célèbre chimiste ont eu recours à des arguties qu'on tolérerait à peine dans le temple de la chicane. Si Monge, a-t-on dit, avait été le vrai fondateur de l'École, le conseil des professeurs n'aurait pas manqué, dès l'origine, de le placer à sa tête, de lui déférer la présidence.

L'argument est sans force : remarquons d'abord que Fourcroy lui-même ne fut point ce premier président. J'ajoute que Monge déclina cet honneur : sa réponse aux offres de ses collègues nous a été conservée : « Nommez Lagrange, s'écria-t-il, nommez le plus grand géomètre de l'Europe. D'ailleurs, je vaux mieux attelé au char que placé sur le siége. »

J'ai exposé jusqu'ici, en toute sincérité, les droits respectifs de Lamblardie, de Fourcroy et de Monge à un titre très-vivement, très-justement envié. J'ai laissé nettement pressentir le jugement que je croirais devoir porter sur les prétentions rivales de ces hommes éminents, ou plutôt sur celles de leurs amis. Il m'eût été difficile, en effet, de ne pas voir le vrai fondateur d'une école scientifique dans celui qui y créa l'enseignement, dans celui qui par ses leçons de tous les jours, j'allais dire de tous les instants, par son influence personnelle, par la généralité de ses connaissances, par sa dévorante activité, par l'attachement qu'il savait inspirer, plaça du premier coup les études de ses jeunes amis dans une région tellement élevée, que le titre d'ancien élève de l'École polytechnique devint immédiatement presque l'égal des titres académiques les plus enviés, et que des savants célèbres ne dédaignaient pas de s'en parer. L'excellente organisation de l'École eut certainement sa part dans le succès ; mais, à l'origine, au moment de la mise en action, pour ainsi parler, elle ne joua évidemment qu'un rôle subordonné. Cette organisation n'est-elle pas connue du monde entier ? N'a-t-on pas voulu créer sur le même modèle bien des écoles polytechniques ? Où existent-elles autrement que de nom ? Ces insuccès répétés rappellent ceux de l'agriculteur novice qui, ayant reconnu, en Europe, dans le sol de son domaine, les éléments minéralogiques et chimiques de Saint-Domingue et de Cuba, assignait d'avance l'époque où l'on verrait pêle-mêle dans ses jardins des palmistes aux tiges élancées, des bananiers toujours couverts de longs régimes de fruits, des cocotiers pliant sous le poids de leurs lourdes grappes, des orangers, des citronniers embaumant l'air de leurs parfums.

Le pauvre enthousiaste n'avait oublié qu'une toute petite circonstance : l'action vivifiante du soleil équatorial.

Pour arriver au terme de cette discussion laborieuse, il me reste encore à caractériser les services rendus à notre grande École par le conventionnel Prieur de la Côte-d'Or.

Le nouvel établissement n'avait pas moins besoin de collections que de professeurs et d'élèves. Prieur, membre du comité de salut public, ouvrit, comme je l'ai déjà indiqué, aux agents de l'École les dépôts de l'hôtel d'Aiguillon. De cette sorte, le cabinet de physique, le cabinet de machines et celui de minéralogie se trouvèrent immédiatement formés. Grâce à la même influence, les dépôts de l'hôtel de Nesle, des Petits-Augustins, de la salle des Antiques du Louvre, furent mis à contribution pour les modèles des dessins d'imitation. Dans ces temps de pénurie extrême, la création des laboratoires de chimie donna lieu à de grandes difficultés : les matières premières manquaient. Il fallut attendre que les victoires de nos armées y pourvussent ; c'est ainsi que sur un geste de Prieur l'alun fut tiré de la Belgique et le mercure du Palatinat, etc.

En créant le matériel de l'École, Prieur fit plus que de rendre les études faciles et complètes. Il faut bien l'avouer, c'est par leur matériel que les établissements scientifiques imposent aux esprits étroits ; c'est dans leur matériel qu'ils ont souvent trouvé le moyen le plus efficace de résister aux efforts de la malveillance.

Prieur ne se borna pas, envers l'École polytechnique, à la protection indirecte dont je viens de parler. Toutes les fois qu'elle fut menacée à la suite de quelque acte politique des élèves, on le vit sur la brèche conjurer courageusement le danger. Il ne se montra pas moins empressé à solliciter des allocations pécuniaires pour aller au secours de beaucoup d'élèves que la misère avait dispersés. Vers le milieu de 1795, l'école s'étant trouvée en péril à la suite de vives réclamations d'un corps privilégié, puissant et justement estimé, à la suite des demandes instantes du corps du génie, Prieur, officier du génie lui-même, n'hésita pas à combattre ouvertement des prétentions dans lesquelles, sous les apparences de l'intérêt public, il apercevait des motifs puérils, et, pour citer ses propres expressions, du *charlatanisme*. Il établit, dans un Mémoire qui fut remis à la commission chargée de réformer la Constitution de l'an III, que le secret sur les principes de la fortification, dont ses camarades avaient tant parlé, devait être restreint aux moyens locaux de défense de chaque place de guerre, et ne pas comprendre les principes généraux de l'art ; et l'orage qui semblait devoir renverser l'École se dissipa.

S'il me fallait caractériser en quelques mots les droits respectifs de Monge et de Prieur au titre glorieux de fondateur de notre grande école, si l'on me demandait une de ces formules concises dans lesquelles l'esprit se complaît, je dirais avec la certitude d'avoir fait une juste part aux deux compétiteurs : Monge donna la vie à l'École polytechnique ; Prieur, dans les premiers temps, l'empêcha de mourir.

L'amour de Monge pour l'École polytechnique n'eut pas le sort ordinaire des sentiments qui, à leur début, sont empreints d'enthousiasme : il dura, il conserva toute sa force primitive pendant plus de vingt années. Quelques citations très-courtes mettront la passion de notre confrère dans son vrai jour. Je ne m'astreindrai pas cette fois à l'ordre des dates ; j'anticiperai même beaucoup sur le temps à venir ; les principaux faits relatifs à notre établissement national seront ainsi réunis en un seul faisceau.

Partout où les circonstances conduisaient notre confrère, il faisait de l'École polytechnique, des services qu'elle avait rendus, de ceux que le pays en devait attendre encore, l'objet de ses entretiens de prédilection. Tous les amis de Monge devenaient ainsi des admirateurs de la célèbre École, et ils ne manquaient pas, dans leurs voyages à Paris, d'en suivre les leçons. Voilà le secret de la présence aux amphithéâtres du Palais-Bourbon de généraux illustres, tels que Desaix et Caffarelli ; voilà comment, entre la conquête de l'Italie et celle de l'Égypte, le général Bonaparte lui-même assista à plusieurs cours et parcourut attentivement les diverses salles d'étude ; voilà pourquoi, après trois années seulement d'existence, la création de Monge n'était guère citée à la tribune législative, dans les actes des autorités et dans les journaux, qu'accompagne d'une de ces trois locutions : « L'établissement sans rival comme sans modèle ; l'institution que l'Europe nous envie ; la première école du monde ! »

Monge était loin de croire que l'École polytechnique fût absolument sans défauts ; mais il pensait également que, dans le cercle des attributions qui lui avaient été prescrites, le conseil de perfectionnement pourrait seul statuer en connaissance de cause sur les légers changements dont l'expérience semblerait indiquer l'utilité. Aussi exhala-t-il hautement sa douleur lorsque Napoléon se montra décidé, en 1805, à modifier l'institution dans ses bases les plus essentielles et de sa pleine autorité. Monge combattit ce funeste projet à plusieurs reprises. Les raisonnements n'eurent pas plus d'effet que ses prières : la politique avait prononcé.

De toutes les modifications apportées en 1805 à l'organisation de l'École polytechnique, celle qui froissa le plus vivement la fibre populaire de Monge fut la suppression de la solde journalière accordée aux élèves, et l'obligation à contracter par chaque candidat, dès le jour de son examen, de payer une forte pension. L'établissement national lui parut alors être descendu de la région élevée où les décrets de la Convention l'avaient placé. Le privilége de la fortune faisait irruption là où le mérite intellectuel des candidats semblait, d'après les règles du plus simple bon sens, devoir seul décider des admissions et des rangs. La création d'un petit nombre de bourses ou de demi-bourses aux frais de l'État n'était qu'un palliatif. Monge porta personnellement remède à un mal que dans sa jeunesse il avait si douloureusement ressenti lui-même ; dès qu'une place de sénateur lui eut donné de l'aisance, les 6,000 francs qu'il recevait comme professeur furent affectés, tous les ans, au paiement de la pension de quelques malheureux élèves que le manque de fortune aurait tenus à l'écart. Cette générosité éclairée a laissé dans l'École un tendre et reconnaissant souvenir. Chaque promotion le transmet religieusement à la promotion qui lui succède.

Les passions politiques pénétrèrent plus d'une fois dans l'enceinte de l'École polytechnique, et y troublèrent les études. Ainsi, des élèves se joignirent aux sections de Paris qui, le 13 vendémiaire an IV, livrèrent bataille aux forces du gouvernement. Leur expulsion paraissait inévitable. Les membres de la Convention ne dissimulaient pas leur colère ; Monge parvint cependant, par ses démarches actives, à conserver aux sciences des jeunes gens tels que Malus, Biot, etc., dont les découvertes devaient, un jour, faire tant d'honneur à la France. « Si vous renvoyez ces élèves, dit Monge au conseil d'instruction réuni, je quitte l'école. » C'est avec un langage aussi ferme qu'en toutes choses on tranche les questions.

Tel avait été Monge devant la Convention irritée, tel il se montra lorsque Napoléon, à son tour, crut avoir à se plaindre de l'École.

Les élèves avaient accueilli avec une extrême froideur, et même quelquefois avec une désapprobation très-explicite et publique, les actes qui, peu à peu, devaient conduire à l'établissement du régime impérial. Le trône fut relevé, Napoléon y monta ; beaucoup d'élèves refusèrent de joindre leurs félicitations à celles de presque tous les corps constitués, et, de ce moment, l'École se trouva en grande défaveur. Il paraît même que des mesures de rigueur devaient atteindre les élèves les plus ardents. Monge n'hésita pas à plaider la cause de ceux qu'il appelait courageusement ses fils adoptifs. Les paroles très brèves qui furent échangées à ce sujet, entre Napoléon et notre confrère, méritent d'être conservées.

« Eh bien, Monge, vos élèves sont presque tous en révolte contre moi ; ils se déclarent décidément mes ennemis. — Sire, nous avons eu bien de la peine à en faire des républicains ; laissez-leur le temps de devenir impérialistes. D'ailleurs, permettez-moi de vous le dire, vous avez tourné un peu court ! »

L'Empereur, cette fois-là aussi, tourna court sur lui-même, mais aucun élève ne fut exclu.

Monge se fit remplacer, comme professeur d'analyse appliquée, dans le courant de 1809. Pour les besoins de ce cours, on avait antérieurement réuni en un corps d'ouvrage les mémoires épars dans les collections académiques de Turin et de Paris. L'auteur y joignit des additions essentielles sur sa méthode d'intégration des équations aux différences partielles, fondée sur la considération des caractéristiques. Cet ouvrage capital et volumineux était distingué parmi les élèves de l'École polytechnique du Traité de géométrie descriptive par le titre de *Gros-Monge*. À la fin de 1819 il avait déjà eu quatre éditions.

CRÉATION DE L'INSTITUT.

Les académies, supprimées en 1793, furent rétablies une année après, non à l'état fâcheux d'isolement où l'esprit craintif de l'ancienne monarchie les avait soigneusement maintenues, mais réunies au contraire en un majestueux faisceau.

Les documents me manquent pour dire avec certitude quel fut le contingent de Monge dans les vues grandes et fécondes qui présidèrent à la fondation de l'Institut national ; je sais seulement qu'on ne négligea point de s'entourer de ses avis.

Faut-il, Messieurs, que je justifie les termes dont je viens de me servir, en qualifiant l'œuvre de Lakanal, de Daunou, de Monge ? Je pourrai presque me borner à de simples citations.

Le perfectionnement des sciences et des arts n'était pas pour les fondateurs de l'Institut un objet secondaire, qui pût être livré sans inconvénient aux caprices, au mauvais vouloir de tel ou tel ministre. L'existence de l'Institut fut consacrée par un article de la Constitution du pays, et non pas seulement par une loi facilement révocable. « Il y aura pour toute la république un Institut national chargé de recueillir les découvertes, de perfectionner les arts et les sciences. » Tels étaient les termes sacramentels de la Constitution de l'an III. Je vous le demande, Messieurs, un plus noble hommage fut-il jamais rendu à l'intelligence humaine ?

L'Institut devait tous les ans « rendre compte au corps législatif des progrès des sciences et des travaux de chacune de ses classes. »

Si cette disposition, dont la grandeur frappera les esprits les plus froids, n'eût point été abolie, nous posséderions aujourd'hui, j'ose l'assurer, de précieux, d'inappréciables chapitres de l'histoire des sciences. Quel est donc le savant, le littérateur, l'érudit, qui n'aurait pas fait des efforts surhumains pour mettre en relief, en pleine lumière, les découvertes contemporaines, pour tracer un tableau destiné à être déroulé solennellement à la tribune nationale devant les mandataires du pays ? Qui, d'ailleurs, se serait chargé d'une si périlleuse mission sans avoir bien calculé ses forces ?

Des académies s'abandonnant jadis à des sentiments de vanité irréfléchis et puérils, traitèrent avec une fâcheuse, avec une coupable indifférence les découvertes qui n'étaient pas nées dans leur sein. Rien de régulier ne s'y trouvait établi pour avoir rapidement connaissance des travaux des étrangers. L'Institut national devait échapper à ce double écueil, non pas, veuillez le remarquer, parce qu'il lui était ordonné de correspondre avec toutes les sociétés savantes du monde, car de telles prescriptions sont souvent une lettre morte ; mais, par les conséquences nécessaires de la disposition dont je vais donner lecture :

« L'Institut national nommera, tous les ans, six de ses membres, qui voyageront aux frais de l'État, soit ensemble, soit séparément, pour faire des recherches sur les diverses branches des connaissances humaines. »

Les progrès de la première de toutes les sciences d'application, les progrès de l'agriculture étaient confiés, avec la même perspicacité, à la sollicitude du nouveau corps académique : « L'Institut national, disait la loi organique (titre v, article 1ᵉʳ), nommera tous les ans, au concours, vingt-cinq citoyens qui seront chargés de voyager et de faire des observations relatives à l'agriculture, tant dans les départements de la République que dans les pays étrangers. »

L'abrogation de cette disposition importante n'a sans doute point diminué le nombre d'inspecteurs nomades que le trésor public devait défrayer ; mais j'hésiterais à dire : la suppression du concours et du contrôle de l'Institut n'a pas empêché le vrai mérite de triompher de l'intrigue, et la mission de comparer les divers modes de culture n'est jamais échue en partage à des agronomes dont la science avait été puisée tout entière dans les *Géorgiques* de Virgile.

Une autorité qui répudiait avec tant de résolution les privilèges du bon plaisir, qui, substituant le concours à l'arbitraire, se plaçait elle-même dans l'impossibilité de faire des actes de favoritisme, et de se créer ainsi des clients dévoués, devait ne prendre nul souci des limites dans lesquelles l'Institut exercerait son influence. Loin de resserrer la sphère de cette action féconde, on s'était au contraire attaché à l'étendre ; témoin cet article de la loi :

« Lorsqu'il aura paru un ouvrage important dans les sciences, les lettres, les arts, l'Institut pourra proposer au corps législatif de décerner à l'auteur une récompense nationale. »

Voilà, Messieurs, quelques-unes des dispositions actuellement abrogées que Lakanal, Daunou et Monge avaient fait insérer dans les premiers règlements de l'Institut. Vous le voyez, je puis accepter sans crainte la part, quelle qu'elle puisse être, qu'on voudra attribuer à notre illustre confrère dans la création de cette Académie nationale jusque-là sans modèle.

Je n'ignore pas que la critique s'est exercée sur plusieurs dispositions de nos plus anciens règlements, que, par exemple, elle a vivement attaqué celle-ci :

« Aucun membre ne peut appartenir à deux classes différentes. »

J'avouerai même très-volontiers qu'en voyant aujourd'hui les académies opérer une sorte de recrutement réciproque et se fondre les unes dans les autres, beaucoup de personnes ont dû croire consciencieusement que l'article dont je viens de donner lecture n'était pas commandé par l'intérêt des sciences et des lettres.

Au reste, quel que puisse être, sur le cumul des titres ou, si l'on veut, des fonctions académiques, le jugement définitif du public, les motifs qui le firent proscrire en 1794 planeront au-dessus des interprétations malveillantes, et la mémoire des fondateurs de l'Institut n'en souffrira pas. Lorsque Lakanal, Daunou et Monge, stipulant pour une égalité absolue entre tous les membres de notre institution nationale, portaient le scrupule jusqu'à s'occuper des esprits qui auraient pu trouver dans le nombre de leurs diplômes un droit de préséance, ils satisfaisaient au premier besoin des corporations académiques. Lorsque nos trois confrères déclaraient dans la loi, du moins implicitement, qu'à toute époque le cadre de l'Institut pourrait être très-dignement rempli, sans qu'il fût jamais nécessaire de remplacer des littérateurs par des géomètres et des géomètres par des littérateurs, etc., ils rendaient à la puissance intellectuelle de la France un hommage mérité, et dont les hommes voués à des études sérieuses doivent se montrer reconnaissants.

Monge fit partie du premier noyau de l'Institut, je veux dire des quarante-huit membres désignés par l'autorité, qui ensuite nommèrent au scrutin quatre-vingt seize savants, historiens, philosophes, érudits et artistes, pour compléter les trois classes, les trois académies dont le corps était composé. On avait compris que l'élection, même dans une première institution, est l'unique mode valable de créer des académiciens.

C'est ainsi, Messieurs, que dès sa naissance l'Institut prit dans le pays la position la plus élevée. Voulez-vous savoir le prix qu'on attachait alors à l'honneur de vous appartenir, lisez la première ligne, toujours la même, d'une multitude de proclamations célèbres, datées de Toulon, de Malte, d'Alexandrie, du Caire, etc ; la voici textuellement : « Bonaparte, membre de l'Institut national et général en chef. » Je croirais vous faire injure en ajoutant un seul mot de commentaire à la citation.

1. ↑ L'opinion que je cherche à faire prévaloir ici me semble être la conséquence logique des documents officiels si consciencieusement analysés dans l'élégante et véridique histoire de l'École polytechnique, par M. de Fourcy ; elle me paraît aussi résulter de l'examen comparatif des renseignements que je recueillis, dans le temps, de la bouche même de Trieur de la Côte-d'Or, de Carnot et de Monge.

MISSIONS DE MONGE EN ITALIE.

Jusqu'ici, Monge n'avait pas dépassé la frontière du royaume. En 1796, le Directoire l'envoya en Italie avec Berthollet et divers artistes, afin de recevoir les tableaux, les statues, que plusieurs villes devaient céder à la France pour se libérer de contributions de guerre.

Lorsque la commission fut présentée au commandant en chef de l'armée, Monge apprit avec joie qu'il était connu personnellement de l'illustre général. « Permettez, dit celui-ci à notre confrère, que je vous remercie de l'accueil bienveillant qu'un officier d'artillerie jeune, inconnu et quelque peu en défaveur, reçut du ministre de la marine en 1792 ; il en a conservé précieusement le souvenir. Vous voyez cet officier dans le général actuel de l'armée d'Italie, il est heureux de vous présenter une main reconnaissante et amie. »

Tel fut le début d'une amitié qui a occupé une place immense dans la vie de Monge.

Après avoir terminé sa mission à Rome avec une habileté tout à fait remarquable, Monge alla rejoindre le général Bonaparte au château de Passeriano, près d'Udine, où il se lia d'amitié avec le général Desaix. Les allées séculaires de cette magnifique habitation étaient journellement témoins des entretiens savants qui achevèrent de cimenter l'union du grand géomètre et du héros de l'Italie. Celui-ci saisissait toutes les occasions de donner des témoignages de sa déférence à son nouvel ami. C'est ainsi qu'ayant remarqué l'enthousiasme du membre de l'Institut pour l'hymne, gage presque assuré de la victoire, que nos soldats entonnaient en abordant l'ennemi, il manquait rarement, dans les banquets diplomatiques, même en présence des négociateurs autrichiens, d'ordonner à haute voix à la musique « de jouer la *Marseillaise* pour Monge ! »

Lorsque le traité de paix de Campo-Formio fut signé, le général Bonaparte donna à notre confrère la preuve la plus éclatante de son attachement ; il le chargea, conjointement avec le général Berthier, de porter le traité à Paris. Dans sa lettre au Directoire, le vainqueur de Rivoli parlait de Monge comme de l'homme qui, par son savoir et par son caractère, avait le plus honoré le nom français en Italie.

SECOND VOYAGE DE MONGE EN ITALIE.

Monge va de nouveau passer les Alpes et retourner à Rome ; sa mission, cette fois, touchera par divers côtés à la politique et sera hérissée de difficultés de toute nature.

Le 8 nivôse an VI (28 décembre 1797), le jeune général Duphot fut assassiné à Rome, à côté de Joseph Bonaparte, ambassadeur de France. Berthier, chargé de tirer vengeance de ce grand crime, se porta à marches forcées sur la ville éternelle, à la tête d'un corps d'armée, et y entra le 10 février 1798. La partie la plus active de la population faisait profession depuis quelque temps de principes très-démocratiques ; elle s'empressa de demander l'abolition de la puissance temporelle du pape et le rétablissement de la république romaine.

L'assassinat du général Duphot avait fait à Paris une douloureuse sensation. Le 12 pluviôse an VI (31 janvier 1798), le Directoire nomma une commission de trois membres, MM. Daunou, Monge et Florent, avec la mission « de se rendre à Rome en qualité de commissaires du Directoire, d'y recueillir des renseignements exacts sur les faits qui s'y étaient passés le 8 nivôse, d'en rechercher les véritables auteurs, et d'indiquer les mesures propres à empocher que de semblables événements ne se renouvelassent. »

Telle était, dans le fond et dans les termes, la mission très-large dont nos deux confrères se trouvèrent d'abord investis. Bientôt des circonstances imprévues la restreignirent et en changèrent le caractère.

Masséna, qui avait succédé à Berthier dans le commandement de l'armée, considéra l'établissement de la république romaine comme un fait accompli, déclara qu'il n'y avait plus à délibérer que sur la forme de la constitution, et offrit (je cite les termes), au nom du Directoire, la Constitution de l'an III, qui régissait alors la France.

La proclamation de Masséna était du 30 ventôse an VI (20 mars 1798). À partir de ce jour, Monge, Daunou et Florent n'eurent plus qu'à faire voter la population des États romains sur la constitution offerte, et, après son adoption, qu'à chercher les moyens de la mettre en activité.

La république romaine ne dura que huit mois et neuf jours ; elle fut renversée le 29 novembre 1798, sans avoir jamais marché d'une manière satisfaisante.

On a cru trouver dans cette courte durée le texte légitime des plus insolents quolibets contre Monge et Daunou.

Je n'ai point appris que nos confrères aient jamais aspiré à la renommée de Solon et de Lycurgue ; ce n'est pas à cause de leur mission à Rome qu'ils ont pu, qu'ils ont dû espérer d'attirer les regards de la postérité. Cependant, puisque la malveillance a essayé de déverser le ridicule sur deux des plus brillantes illustrations de l'ancien Institut, notre devoir est de les défendre et, s'il est possible, de les venger. Citons, devant cette assemblée impartiale, quelques-unes des difficultés que Monge et Daunou eurent à vaincre ; montrons que dans leurs actes, que dans leurs conseils, ils furent toujours modérés, éclairés, prévoyants ; établissons surtout que jamais, malgré mille passions déchaînées, l'ombre d'un soupçon n'effleura la scrupuleuse probité, le parfait désintéressement de nos deux confrères.

Cette discussion ne sera pas ici un hors-d'œuvre, même en l'envisageant d'un point de vue général. Le projet de parquer les hommes d'étude dans leurs plus strictes spécialités est presque aussi ancien que le monde. Il semble, en vérité, que pour être propre à tout on doive n'avoir rien appris. Un pareil principe aura toujours l'assentiment intéressé de la foule ; pour qu'il n'usurpe pas à la longue l'autorité de la chose jugée, ne négligeons aucune occasion de le combattre au nom de la raison éternelle, au nom de la logique, et, ce qui vaut mieux encore, en nous appuyant sur des faits positifs.

Je pense également qu'il faut contester avec vigueur la prééminence que certaines sectes de lettrés veulent aujourd'hui s'arroger sur toutes les autres, comme, en Chine, les mandarins aux boutons rouges lisses dominent les mandarins à boutons de toutes les autres nuances et à facettes.

S'il arrive, par exemple, qu'on vienne à prononcer, même dans cette enceinte, des paroles dédaigneuses pour une branche quelconque des connaissances humaines, ne nous figurons pas que le silence les a suffisamment réfutées ;

proclamons, au contraire, bien haut que tout se tient dans le domaine de l'intelligence ; qu'il n'est pas plus séant au littérateur de se débarrasser (l'expression n'est pas de moi) de l'étude des sciences exactes qu'au savant de se débarrasser des études littéraires. Ne souffrons pas qu'on assigne, par exemple, un rang secondaire à la science qui, après avoir combattu victorieusement les illusions nombreuses et invétérées de nos sens, a marqué en traits indélébiles la modeste place que le globe terrestre occupe dans l'univers ; qui a fait de tous les points lumineux connus des anciens sous le nom de planètes, des mondes semblables à la terre par leur forme.

Daunou, Monge et Florent, malgré l'éclat de leur mission, malgré la puissance, alors immense, de la République, dont ils étaient les mandataires, s'interdirent à Rome toute représentation. Les commissaires français s'étaient petitement logés dans les bâtiments de notre ancienne académie de peinture ; ils mangeaient ensemble. Leurs modestes repas ne ressemblaient à ceux du château de Passeriano qu'en un point : Monge, toujours enthousiaste de la *Marseillaise*, la chantait chaque jour à pleine voix avant de se mettre à table.

Les défauts de la Constitution de l'an III, de la Constitution offerte, ne sauraient concerner nos confrères : le thème leur était imposé. Ajoutons qu'ils firent sans difficulté, dans les questions de forme, les concessions que l'esprit des populations, que les moeurs, les habitudes parurent rendre nécessaires. Trouve-t-on, par exemple, que la traduction italienne des mots : directeurs, conseil des Cinq-Cents, conseil des Anciens sonne mal sur les bords du Tibre ; désire-t-on des noms qui rappellent les institutions de l'ancienne république romaine ; sur-lechamp le directoire devient le consulat, les deux branches du corps législatif s'appellent le tribunat et le sénat.

Les commissaires du Directoire ne se montrèrent inflexibles que sur un seul point : ils exigèrent que *Capitolio* fût substitué à *Campi d'Oglio*. Le mot Capitole a de tout temps si magnifiquement résonné en France aux oreilles de la jeunesse ; il est en quelque sorte une partie tellement intégrante de notre littérature, de la littérature dramatique surtout, qu'on ne pouvait vraiment souscrire à la pensée de le remplacer. Bien des années se seraient écoulées avant qu'un professeur, sans exciter le sourire de ses élèves, eût pu faire dire à Scipion, parlant à ses accusateurs : « Montons au champ de l'huile, et rendons grâces aux dieux ! »

Je n'accorde pas, quoi qu'on en ait pu dire, que nos deux confrères commirent la faute impardonnable de donner peu d'attention à la désignation des chefs du nouveau gouvernement romain. Ils n'eurent garde d'oublier que la machine politique, même la plus parfaite, exige des mains savantes, fermes et exercées, pour présider à ses mouvements.

Examinez plutôt : Rome possédait alors un homme dont les premiers pas dans la carrière de l'étude avaient excité l'étonnement de l'Europe. À deux ans, il reconnaissait sur les médailles les effigies de tous les empereurs, depuis César jusqu'à Gallien ; à trois ans et demi, il lisait tout aussi facilement le grec que le latin ; à dix ans, son intelligence s'était portée avec le même succès sur toutes les branches des connaissances humaines, y compris la géométrie transcendante. La suite n'avait pas démenti ces commencements précoces. L'enfant extraordinaire était en 1798 à la tête des archéologues ; ses rivaux eux-mêmes disaient que personne dans le monde entier ne connaissait mieux l'antiquité. On le citait encore comme un des caractères les plus honorables de l'Italie. Je n'ai pas besoin d'en dire davantage ; qui n'a déjà nommé Ennius-Quirinus Visconti, notre ancien confrère de l'Académie des inscriptions ? Eh bien ! Ennius-Quirinus Visconti fut le premier des consuls nommés par les commissaires du Directoire.

Le choix des quatre collègues de Visconti pourrait être également justifié. Plusieurs fois nos confrères, il faut bien l'avouer, firent des nominations qui ne répondirent pas aussi bien à leur attente, quoiqu'elles eussent été dictées, en quelque sorte, par la voix publique ; mais les citoyens avaient-ils eu réellement l'occasion de s'apprécier les uns les autres pendant le gouvernement papal ? Pouvait-on savoir d'avance qui montrerait de l'ardeur, de l'activité ? qui, au contraire, s'abandonnerait au *dolce far niente* ?

La jeunesse italienne, aujourd'hui fort régénérée, refuse de reconnaître que la proverbiale apathie des pays chauds ait nui à Rome, en 1798, au jeu des institutions républicaines. Les commissaires français professaient l'opinion toute contraire, et s'appuyaient sur des faits irrécusables. Qu'on lise leur correspondance, et l'on y trouvera, par exemple, que le médecin Corona, un des hommes les plus estimés du pays, nommé ministre de l'intérieur, n'avait pas fait un seul acte, donné une seule signature, un mois après son installation. Or, savez-vous la raison de cette inaction complète pendant tout un mois ? Le ministre de l'intérieur, le docteur Corona, n'avait pas encore lu la Constitution (une constitution de quelques pages) lorsque, sur la clameur publique, Daunou, Monge et Florent furent obligés de le destituer.

Ce n'était pas là du *far niente*, puisque le mot déplaît ; je me résignerai à dire que le docteur Corona était un Fabius administratif, pourvu qu'on me permette d'ajouter que si les Fabius réussissent quelquefois à la guerre, ils sont, dans l'ordre civil, les causes les plus immédiates de la chute des gouvernements nouveaux.

La justification de nos deux confrères ne se fonde pas uniquement sur le fait isolé du docteur Corona. Je vois dans une lettre inédite de Daunou que, malgré toutes ses prières, le tribunat romain vaquait de deux jours l'un, et le sénat deux jours sur trois. Or, ces vacances d'un jour sur deux, et de deux jours sur trois, on les prenait au début d'un nouveau gouvernement, dans un pays où tout était à organiser ou à régulariser, même les actes de l'état civil, même les transactions entre particuliers, etc.

Étrange bizarrerie ! L'apathie, chez les Romains de 1798, s'alliait à une ambition désordonnée et imprudente. Ce fut pour Monge et Daunou la source de mille embarras. J'en citerai un exemple.

Les dix-huit cent mille âmes des États du pape se trouvaient réparties, par la nouvelle organisation, entre les huit départements du Cimino, du Circeo, du Clitumno, du Metauro, du Musone, du Tronto, du Trasimène et du Tevere. À peine quelques exemplaires de la Constitution étaient-ils sortis de l'imprimerie, que des députations accoururent chez nos confrères pour leur demander instamment qu'à la suite des huit noms que je viens de citer on mît une série indéfinie de points. Ces points tant désirés, et que, du reste, les commissaires n'accordèrent pas, devaient provisoirement marquer la place des noms de départements nouveaux qui seraient graduellement formés aux dépens du royaume de Naples.

On avait vu des choses analogues dans l'ancienne république romaine ; mais on n'y faisait pas régulièrement la sieste ; mais le *far niente* y était inconnu !

Le gouvernement français avait beaucoup compté sur les spectacles pour développer à Rome les idées démocratiques. Ses espérances ne se réalisèrent qu'en partie. Monge et Daunou firent traduire nos pièces républicaines ; les écrivains du pays en composèrent dans le même esprit ; mais le public n'avait pas une patience assez robuste pour entendre de suite les cinq actes d'une tragédie. Afin de prévenir la désertion des spectateurs, il fallut, bon gré, mal gré, jouer des parades entre le troisième et le quatrième acte des tragédies, entre le quatrième et le cinquième.

Se figure-t-on rien de plus ridicule que Pasquin et Marforio débitant des quolibets ; que Pierrot et Arlequin occupant un moment la place d'Auguste ou du vieil Horace ?

Non, assurément. Mais qu'on nous explique donc comment le goût des Romains pour les parades aurait été moindre si le Directoire, au lieu d'envoyer en Italie des commissaires savants et lettrés, tels que Mongc et Daunou, s'était fait représenter par des ignorants, sans notoriété d'aucune sorte ? La question tout entière est là.

Une circonstance fortuite a fait tomber dans mes mains la correspondance encore inédite d'un des trois commissaires français avec le président du Directoire exécutif. J'ai donc pour apprécier la mission de nos illustres confrères mieux que l'élément unique, et souvent trompeur, dont les biographes, dont les historiens, peuvent ordinairement disposer : le résultat ; je sais jusqu'où allait l'initiative de Monge et de Daunou ; je connais les questions sur lesquelles leurs vues s'éloignaient de celles du gouvernement français ; j'ai lu les réclamations vives et franches qu'ils adressaient à Paris. Si un peu de louche venait encore à planer sur la conduite de nos deux confrères après les quelques lignes d'éclaircissement que je vais donner, ce serait à moi, à moi seul, qu'il faudrait s'en prendre.

Les embarras fmanciers sont ce qui, ordinairement, paralyse le plus la marche des gouvernements nouveaux. Daunou, Monge, Florent, le méconnurent-ils ? Écoutez ces passages extraits de leur correspondance inédite, et jugez :

« Si vous voulez que ce peuple reste libre, ne le laissez pas épuiser et saigner jusqu'au blanc. — Subsistances et finances, voilà les points les plus difficiles. Les dilapidations et les impositions sont, en Italie, les seules causes réelles de mécontentement ; il faut faire cesser partout les premières, et modérer les secondes le plus possible. — En comptant les 35 millions payés par le pape, ce pays aura fourni 70 millions ; cela est énorme ! — Envoyez qui vous voudrez pour nous remplacer, mais pas de fournisseurs ! »

L'enlèvement des objets d'art était, à Rome, une cause réelle de mécontentement. Les cinq cents caisses que les commissaires du Directoire allaient expédier à Paris ne pesaient pas moins de 30,000 quintaux. Le port seul devait coûter 2 millions de francs. Voici comment Daunou s'exprimait sur ce point délicat, dans une lettre du 6 germinal an VI :

« Il n'est ni juste ni politique de trop multiplier les enlèvements de cette nature. Les patriotes les plus estimables de ce pays ne les voient qu'avec peine ; convenons qu'à leur place nous n'y serions pas moins sensibles. Il faut qu'il y ait un terme à tout, même au droit de conquête. »

Je pensais que la question religieuse avait dû contribuer pour une certaine part à rendre la mission de nos confrères difficile. Une lettre, encore inédite, du 27 prairial an VI, a fait succéder la certitude à de simples conjectures. Je vois dans cette lettre que les chefs du gouvernement français n'étaient pas aussi tolérants dans leurs actes que dans leurs paroles. En rédigeant le code de sa république, le chansonnier national disait :

> À son gré que chacun professe
> Le culte de sa déité ;
> Qu'on puisse aller même à la messe :
> Ainsi le veut la liberté.

Eh bien, le Directoire se croyait en droit de faire une enquête pour découvrir si les consuls allaient à la messe ; et les consuls, au lieu de se refuser sur ce point à toute explication, au nom de la liberté de conscience, au nom de la dignité humaine ; au lieu de crier bien haut à l'inquisition, car l'inquisition peut exister sous divers masques, déclaraient avec une condescendance coupable que l'enquête était inutile ; qu'au surplus elle montrerait avec une entière évidence qu'on les avait calomniés ; que seulement, n'ayant pas réussi, à l'aide du raisonnement, à vaincre les préjugés de leurs femmes, de leurs enfants, ils croyaient, pour *la paix du ménage* (ceci est textuel), ne devoir point exiger impérativement qu'on rompît avec des habitudes invétérées.

Ainsi répondaient, en 1798, les consuls de la république romaine, à une dénonciation émanée des chefs de la république française. J'ai recueilli cette anecdote, moins encore pour la justification de nos deux confrères qu'afin de montrer, par un nouvel exemple, avec quelle lenteur l'esprit humain rompt les langes dont les siècles l'avaient enveloppé, avec quelle hésitation il marche à son émancipation définitive et vraiment libérale.

Je suis parvenu, j'espère, à décharger la mémoire de deux illustres membres de l'Institut du blâme qu'on avait voulu faire peser sur eux à l'occasion de la marche molle, indécise, souvent peu intelligente de la république romaine. La justification de Monge et de Daunou, s'il s'agissait de la chute du nouveau gouvernement, serait plus aisée encore.

La république périt le 9 frimaire an VII (le 29 novembre 1798) ; elle périt le jour où, par suite de la retraite de Championnet, le roi de Naples et Mack entrèrent dans Rome. Monge et Daunou n'étaient plus alors en Italie. Les rendre d'ailleurs responsables des résultats qu'amenèrent les mouvements des armées, ce serait se jouer outrageusement de la vérité et du sens commun.

Pendant le séjour des commissaires français à Rome, Monge fut plus spécialement chargé du choix des objets d'art qui, à titre de contribution de guerre, devaient être envoyés à Paris. On a religieusement conservé dans le pays le souvenir de la politesse exquise, des égards infinis que notre confrère montra dans l'accomplissement de sa mission. Plus d'une fois les autorités de l'époque voulurent lui en témoigner leur reconnaissance par le don de tableaux de très-grand prix ; elles le prièrent d'accepter des statues antiques, des mosaïques superbes ; Monge repoussa ces offres avec indignation. Le collecteur de tant de chefs-d'œuvre de peinture et de sculpture n'eut jamais en sa possession ni un tableau ni la plus modeste statuette. Dans les salons de son hôtel de la rue de Reliechasse, les murs étaient d'une complète nudité. Ce spectacle élevait l'âme : l'honnête homme goûte peu de plaisir à contempler les merveilles des arts là où de toutes parts surgissent ces flétrissantes paroles : possession illégitime.

EXPÉDITION D'ÉGYPTE.

Monge était encore à Rome, occupé jour et nuit de la mission que le Directoire lui avait confiée, à l'époque où l'on faisait à Paris, à Toulon, à Gênes, à Civita-Vecchia, les immenses préparatifs de la campagne d'Égypte. Peut-être n'a-t-on pas assez remarqué une circonstance singulière de cette mémorable expédition : je veux parler du voile impénétrable dont elle resta enveloppée, quant à sa destination et à son but, jusqu'après le moment où la flotte eut mis à la voile. On pourrait être tenté de trouver là une justification sans réplique du reproche d'indiscrétion qui nous est si souvent adressé par les autres nations ; mais on n'ignore pas que dix à douze personnes au plus avaient été mises dans le secret. Je vois dans une lettre de Civita-Vecchia, adressée au général Bonaparte, en date du 6 prairial an VI (25 mai 1798), que Monge était une de ces dix à douze personnes privilégiées. En se rappelant qu'un des généraux les plus illustres de notre vaillante armée, que Kléber lui-même quitta Toulon sans savoir où il allait combattre, on se fera une juste idée de la place que notre confrère avait conquise dans l'estime et dans l'affection du général en chef.

Le recrutement du personnel scientifique de l'expédition s'opérait à Paris par les soins de Berthollet, en son nom et au nom de Monge. Nous ignorons, disait l'illustre chimiste, vers quelle région l'armée va se diriger. Nous savons que le général Bonaparte en aura le commandement, et que nous formerons une commission scientifique destinée à explorer les pays lointains dont nos légions auront fait la conquête. C'est sur la foi d'une déclaration si vague que quarante-six personnes, ayant appartenu à l'École polytechnique ou en faisant encore partie à divers titres, sollicitèrent, comme une faveur insigne, d'être attachées à la mystérieuse expédition. L'esprit aventureux de l'époque suffirait assurément pour expliquer de telles résolutions ; mais, dans cette circonstance, elles furent presque toutes dictées par la confiance sans bornes que Monge et Berthollet avaient su inspirer à leurs disciples. Chacun entrevoyait que, sous de tels guides, il trouverait l'occasion de se rendre utile et même d'acquérir un peu de gloire.

L'escadre de Toulon mit à la voile le 30 floréal an VI (19 mai 1798). Le 3 juin, elle rallia la division que Desaix et Monge lui amenaient de Civita-Vecchia. On s'étonnera peut-être de me voir associer ainsi notre confrère à l'illustre général dans une opération qui semble avoir dû être du ressort exclusif de l'autorité militaire ; mais pouvais-je hésiter, après avoir lu dans une lettre du général en chef à Monge, datée de Paris (le 2 avril 1798), ce passage, à mon avis, entièrement décisif : « Je vous prie de remettre la lettre ci-jointe au général Desaix. Je ne compte que sur vous et sur lui pour l'embarquement de Civita-Vecchia. »

Le 9 juin 1798 (21 prairial), cinq cents voiles françaises se déployaient autour de Malte. Le 10, l'île était attaquée sur sept points principaux ; le 11, elle capitulait ; le 12, le général en chef faisait son entrée solennelle dans la capitale ; le lendemain, par l'influence de Monge, Malte était dotée de quinze écoles primaires et d'une école centrale qui devait se composer de huit professeurs, convenablement rétribués, chargés d'enseigner les mathématiques, la stéréotomie, l'astronomie, la mécanique, la physique, la chimie et la navigation, c'est-à-dire précisément toutes les sciences qui n'étaient point professées sous le gouvernement des chevaliers.

Le 19 juin, l'escadre se remit en route. Monge quitta alors la division de Civita-Vecchia et passa à bord du vaisseau amiral *l'Orient*, que montait le général en chef. Quoique arrivé à l'âge de cinquante-deux ans, il avait encore, comme à Mézières, un esprit plein de jeunesse, une imagination vive, un caractère enthousiaste. Les descriptions animées que Monge se plaisait à faire des merveilles de l'Italie, des chefs-d'œuvre de la peinture, de la sculpture, qu'il venait de restaurer avec un soin religieux et d'envoyer en France, tenaient sous le charme l'auditoire d'élite qui l'entourait. Pour répandre de la variété sans confusion sur ces entretiens savants, il fut convenu que le général en chef indiquerait chaque matin les questions qui seraient examinées et débattues dans les réunions de l'après-dînée. J'ai remarqué qu'on agita ainsi plusieurs des plus grands problèmes de la cosmogonie et de l'astronomie ; ceux-ci, par exemple : « Les planètes sont-elles habitées ? Quel est l'âge du monde ? Est-il probable que le globe éprouvera quelque nouvelle catastrophe par l'eau ou par le feu ? »

Voilà quelles étaient les occupations journalières des passagers du vaisseau *l'Orient,* de cette immense ville flottante qui, quelques semaines après, envahie par les flammes, devait sauter en l'air avec son vaillant équipage. Voilà ce qui, dès le début, imprima à l'expédition d'Égypte un caractère dont l'histoire d'aucun peuple n'avait offert le modèle. Lorsque Alexandre, à la prière d'Aristote, se fit accomp gner en Asie par le philosophe Callisthène, ce fut uniquement dans le dessein de recueillir, de rassembler les documents scientifiques qu'on arracherait violemment aux nations vaincues. Monge, Berthollet, Fourier, leurs amis, avaient la mission plus noble de porter les fruits de la civilisation européenne au sein de populations barbares, abruties, courbées sous le joug.

Les entretiens à jamais mémorables dans lesquels, à bord de *l'Orient,* Monge énumérait chaque jour les brillantes conquêtes de l'intelligence humaine devant un auditoire où l'on voyait au premier rang Bonaparte, Berthollet, Caffarelli, Berthier, Eugène Beauharnais, Desgenettes, etc., n'étaient qu'une magnifique préparation au saint apostolat que notre confrère allait exercer.

L'escadre arriva le 1er juillet, au matin, devant la côte égyptienne. La colonne dite de Pompée annonçait Alexandrie. Monge débarqua un des premiers, et il ne fallut rien moins que l'ordre le plus formel de son ami, le général en chef, pour l'empêcher de prendre part personnellement à l'attaque de la ville. Il ne lui fut pas non plus accordé d'accompagner l'armée dans sa marche vers le Caire, à travers le désert, et il dut s'embarquer, avec Berthollet, sur une flottille de petits bâtiments destinée à remonter le Nil jusqu'à Rahmaniéh.

Bonaparte avait assigné à son ami la voie fluviale comme la plus sûre. Les circonstances trompèrent ses prévisions. Les eaux du Nil étant basses, plusieurs de nos barques s'échouèrent sur des bancs de gravier. Dans cette fâcheuse position, la flottille française eut à combattre des chaloupes canonnières turques descendues du Caire et armées de pièces de gros calibre, des Mameluks, des fellahs et des Arabes qui garnissaient les deux rives du fleuve. L'engagement avait commencé à neuf heures du matin, le 14 juillet ; à midi et demi, tout semblait annoncer que le dénouement serait fatal, lorsque, averti par les détonations incessantes de l'artillerie, le général en chef se porta rapidement vers le Nil. À la vue de l'armée française, les ennemis s'éloignèrent précipitamment ; les chaloupes turques levèrent l'ancre et remontèrent vers le Caire.

Le bulletin officiel du combat nautique de Chebreys fit mention de la bravoure de Monge et de Berthollet. Dans cette périlleuse rencontre, nos deux confrères, en effet, rendirent l'un et l'autre des services signalés. Ajoutons que jamais la différence, ou, si l'on veut, le contraste de leurs caractères n'avait été plus manifeste. Cinq *djermes* venaient d'être coulées bas ; les Turcs, après s'être emparés à l'abordage de deux de nos bâtiments, élevaient dans les airs, avec une joie féroce et bruyante, les têtes des soldats et des matelots massacrés ; on vit alors Berthollet ramasser des cailloux et en remplir ses poches. « Comment peut-on penser à la minéralogie dans un pareil moment ! disaient les compagnons du célèbre chimiste. — Vous vous trompez, repartit Berthollet avec le plus grand sang-froid ; il n'est question pour moi ni de minéralogie ni de géologie : ne voyez-vous pas que nous sommes perdus ? Je me suis lesté pour couler à fond trèsvite ; j'ai maintenant la certitude que mon corps ne sera pas mutilé par ces barbares. »

Quant à Monge, il se montra toujours plein d'espérance, et compta sur la victoire, même après qu'un boulet de canon ayant mis hors de combat l'intrépide Perrée, commandant de la flottille, tout le monde s'abandonnait au découragement. L'illustre géomètre exerça pendant cette longue et sanglante rencontre tantôt les fonctions de canonnier servant, tantôt celles de canonnier pointeur. On eût dit à la vivacité de ses gestes, à la mobilité expressive de ses traits, à la confiance qui rayonnait sur toute sa personne, qu'il expliquait quelque construction de géométrie descriptive devant une réunion d'ingénieurs.

Le 2 thermidor (20 juillet 1798), nos soldats, campés au pied des colossales pyramides de Gizéh, apprirent par ces magnifiques paroles ce que le général en chef attendait de leur courage : « Soldats, du haut de ces monuments, quarante siècles vous contemplent ! » Peu d'heures après, quarante siècles contemplèrent l'incomparable bravoure de quelques carrés d'infanterie française ; ils furent témoins de la déroute complète des Mameluks, je veux dire de la cavalerie la plus hardie, la plus brave, la mieux montée et la mieux armée qui fût au monde.

Le surlendemain notre armée traversa le Nil et occupa le Caire.

Le grand Caire, cette seconde capitale de l'Orient, également célèbre par son étendue et par son ancienneté, ce magnifique centre commercial entre l'Europe, l'Asie et l'Afrique, ce point de passage des caravanes marchandes et des caravanes de pèlerins, avait, à la fin du XVIIIe siècle, une splendeur dont on ne pourrait guère se former une idée que par la lecture des *Mille et Une nuits*. Quarante palais de beys, quarante palais de kachefs, les somptueuses demeures de beaucoup de Mameluks, plus de quatre cents mosquées, renfermaient des richesses immenses qu'il était urgent de conserver pour les besoins de l'armée. Bonaparte croyait n'avoir pas eu toujours à se louer de ceux qui, en des circonstances pareilles, avaient obtenu sa confiance ; il s'en ouvrit à Monge.

« Mes jeunes gens sont capables de tout ce qui est beau ! » Telle était la réponse habituelle de notre confrère lorsqu'on le questionnait sur les élèves de l'École polytechnique ; telles furent aussi les paroles qu'il prononça pour décider le général Bonaparte à donner à ses amis de prédilection la plus délicate des missions. Les disciples de Monge montrèrent qu'on n'avait pas trop auguré de leur savoir, de leur ardeur, de leur scrupuleuse fidélité. Ce brillant début des élèves de l'École dans la carrière administrative combla notre confrère de joie. Il apprit aussi avec une vive satisfaction que dans la ligne scientifique les jeunes gens ingénieurs (au nombre desquels était notre honorable et savant confrère Jomard), qui, restés à Alexandrie, devaient poser les fondements de la carte de l'Égypte, ne s'étaient laissé détourner par aucun danger, et que leurs travaux marchaient à pas de géant. Quel géographe, au surplus, n'aurait pas été électrisé par le désir de fixer définitivement les coordonnées astronomiques de la colonne de Pompée, de l'aiguille de Cléopâtre et du rocher sur lequel s'élevait déjà, près de trois siècles avant notre ère, le célèbre phare de Sostrate de Cnide. Les annales de la géodésie française offriraient peut-être des triangles plus irréprochables, au point de vue géométrique, que ceux dont nos jeunes compatriotes couvrirent le sol de l'empire des Pharaons ; mais il n'en existe certainement nulle part qui s'appuient sur des monuments plus célèbres ou plus capables de réveiller de grands souvenirs.

Il m'est rarement arrivé, dans le cours de cette biographie, d'écrire le nom de Monge sans avoir été amené à y joindre celui de Berthollet. Désormais ces noms seront invariablement unis ; désormais Monge-Berthollet semblera ne désigner qu'une seule personne, et le général en chef apprendra aux deux amis inséparables que des soldats se sont battus en duel, les uns (ceux-là avaient vu Berthollet), pour avoir prétendu que Monge Berthollet avait des cheveux blonds et flottants, tandis que les autres fils ne connaissaient que Monge) soutenaient avec non moins d'assurance que Monge-Berthollet était d'un teint très-brun et portait une longue queue.

La liaison de Monge et de Berthollet commença en 1780, année de l'admission des deux savants à l'Académie. Si l'on avait demandé au géomètre pourquoi il aimait le chimiste, sa réponse eût été celle de Montaigne parlant de la Boëtie : « Parce que c'était lui, parce que c'était moi... Nous nous cherchions avant de nous être vus, et par les rapports que nous oyions l'un de l'autre... Nous nous embrassions par nos noms. »

Poussée plus loin, la citation des *Essais* n'offrirait plus rien d'applicable aux relations de nos deux confrères. Il ne fut donné à Montaigne de jouir de la douce compagnie et société de la Boëtie que pendant quatre années. L'intimité de Monge et de Berthollet dura plus d'un tiers de siècle. Les deux philosophes du Périgord jugèrent que l'amitié « descoust toutes autres obligations ; » ils la cachèrent dans la plus profonde retraite ; ils détournèrent les yeux des malheurs du temps et vécurent pour eux seuls. Monge et Berthollet, au contraire, prirent tous deux une part active aux événements de notre grande révolution. Les convulsions violentes qui, trop souvent, hélas ! jetèrent dans des camps ennemis le mari et la femme, le père et le fils, le frère et la sœur, ne créèrent pas même l'ombre d'un dissentiment passager entre le géomètre et le chimiste.

Oh ! combien j'aurais été heureux de mettre sous vos yeux des lettres, aujourd'hui perdues sans retour, écrites sur les bords du Nil, dans lesquelles Monge dépeignait, en termes pleins d'émotion, une amitié si digne d'être offerte en modèle et qui fit le charme de sa vie ! Ces lettres eussent prouvé aux esprits les plus prévenus que la culture des sciences fortifie l'intelligence sans détremper les ressorts de l'âme, sans émousser la sensibilité, sans attiédir aucune des bonnes qualités dont la nature a déposé le germe dans le cœur humain. Après avoir lu les tendres effusions de notre confrère, personne n'aurait plus trouvé qu'une immense hérésie dans ces paroles de Jean-Jacques : « On cesse de sentir quand on commence à raisonner. »

INSTITUT D'ÉGYPTE.

Le 3 fructidor an VI (29 août 1798), le général en chef créa au Caire un Institut égyptien des sciences et des arts. La section des sciences mathématiques comptait dès l'origine, parmi ses membres, le général Bonaparte, Monge, Fourier, Malus, etc. Dans la section des sciences physiques, on distinguait Berthollet, Dolomieu, Geoffroy Saint-Hilaire, Conté, Descostils, Savigny, Delille, etc. De tels noms plaçaient l'Institut d'Égypte sans désavantage à côté des sociétés savantes étrangères les plus célèbres. Cependant, veuillez bien le remarquer, Messieurs, en perdant momentanément de si brillants collaborateurs, l'Institut de France n'en était pas moins resté la première Académie du monde. Ce titre appartenait incontestablement à la compagnie qui, dans les sciences mathématiques, pouvait citer Lagrange, Laplace, Legendre, Lacroix, Lalande, Delambre, Coulomb, Bougainville ; et dans les sciences physiques : Jussieu, Haüy, Desfontaines, Fourcroy, Vauquelin.

L'histoire impartiale ne refusera pas de qualifier de grande époque ces dernières années du XVIIIe siècle qui virent nos années, le lendemain du combat, le lendemain de la conquête, établir de nombreuses écoles, et même des académies, pour répandre à pleines mains sur les populations vaincues les trésors de la civilisation et de la science. L'histoire dira qu'en ces temps glorieux la France conservait encore dans sa capitale, au point de vue scientifique, le sceptre de l'intelligence, même après avoir envoyé dans les régions lointaines des savants dont les brillants travaux eussent suffi à l'illustration d'une nation et d'un siècle. Gloire au pays où de telles réflexions ne blessent pas la vérité, où l'on peut les proclamer publiquement sans encourir le reproche de flatterie.

Dans sa première séance, le 6 fructidor an VII (23 août 1798), l'Institut d'Égypte nomma (je copie le procès verbal) : « le citoyen Monge, président ; le citoyen Bonaparte, vice-président, pour le premier trimestre ; et le citoyen Fourier, secrétaire perpétuel. »

La nomination de Monge aux fonctions de président ne fut pas, quoi qu'on en ait dit, un acte d'opposition contre le général en chef. Le 5 fructidor, dans une réunion préparatoire de tous les membres de l'Institut, Bonaparte avait positivement décliné la présidence, et formulé son refus en ces termes : « Il faut placer Monge, et non pas moi, à la tête de l'Institut ; cela paraîtra en Europe beaucoup plus raisonnable. »

Comment est-il arrivé que ces paroles, parfaitement authentiques, aient trouvé des incrédules ? Voudrait-on, par hasard, établir que le génie et le bon sens ne marchent jamais de compagnie ?

Un journal scientifique et littéraire paraissant tous les dix jours, *la Décade égyptienne*, rédigé à l'origine par Tallien, rendait un compte sommaire des séances de l'Institut, et publiait même, *in extenso*, les travaux des divers membres. C'est dans *la Décade* que parut pour la première fois le Mémoire de Monge relatif au phénomène d'optique connu sous le nom de *mirage*.

Monge avait incontestablement indiqué la vraie cause physique de ce singulier phénomène. Peut-être même aurait-on le droit de soutenir que, dans les circonstances où se trouvait notre confrère, les assimilations dont il s'étaya pour rendre son explication accessible à tout le monde étaient préférables à une théorie plus exacte, mais beaucoup plus compliquée. Après la publication du Mémoire de Monge, le mirage cessa, même pour les simples soldats, d'avoir rien de mystérieux, rien d'inquiétant. En aurait-il été de même si, au lieu de se fonder sur les lois de la réflexion de la lumière à la surface des miroirs plans, on avait parlé de caustiques, etc. ? Au reste, depuis, la science a repris ses droits et s'est enrichie de plusieurs savantes dissertations où la question est envisagée sous tous les aspects possibles. Le Mémoire de Monge n'en restera pas moins un des premiers, un des principaux anneaux de cette belle chaîne de recherches.

Les travaux de l'Institut firent naître un incident qui, à cause de sa singularité et du rôle que Monge y joua, mérite que nous lui consacrions quelques lignes.

Le général Bonaparte, malgré les obligations infinies attachées au commandement en chef de l'armée et à l'organisation du pays conquis, déclara un jour que, lui aussi, voulait présenter un Mémoire à la docte assemblée. Avide de toutes les gloires, souffrait-il d'être le seul membre de l'Institut d'Égypte qui n'eût pas fourni son contingent à la science proprement dite ? Avait-on raconté au général que le czar Pierre le Grand, nommé associé de notre Académie des sciences, ne prit le titre que cette nomination lui conférait qu'après avoir envoyé à Paris un travail de sa façon sur la géographie de la mer Caspienne ? Quoi qu'il en soit, tous ceux à qui Bonaparte parla de son projet y applaudirent ; les uns, c'était le petit nombre, en termes modérés, les autres avec enthousiasme. Monge seul osa ne point partager l'avis du général et de son entourage. « Vous n'avez pas le temps, dit-il à son ami, de faire un bon Mémoire ; or, songez qu'à aucun prix vous ne devez rien produire de médiocre. Le monde entier a les yeux fixés sur vous. Le Mémoire que vous projetez serait à peine livré à la presse que cent aristarques viendraient se poser fièrement devant vous comme vos adversaires naturels. Ceux-ci découvriraient, à tort ou à raison, le germe de vos idées dans quelque ancien auteur, et vous taxeraient de plagiat ; ceux-là n'épargneraient aucun sophisme, dans l'espérance d'être proclamés, ne fût-ce que quelques-instants, les vainqueurs de Bonaparte ! » Bonaparte reconnut qu'il ne devait pas courir les chances défavorables que Monge lui dépeignait avec tant de franchise ; contre son habitude, il se décida à faire retraite, et le Mémoire ne fut pas rédigé.

Je vous ai montré Monge plein de fougue au combat nautique de Chebreys. Nous allons le trouver, au Caire, dans une situation non moins dangereuse, déployant le même courage, mais faisant preuve aussi d'un sang froid, d'une présence d'esprit, dont ne le croyaient pas capable ceux qui connaissaient son ardente imagination.

Personne n'ignore que la ville du Caire s'insurgea, sans aucune cause apparente, le 30 vendémiaire an VII (21 octobre 1798) ; que tous nos petits postes, attaqués à l'improviste, succombèrent ; que deux à trois cents Français isolés périrent dans les rues ; que l'hôtel de l'état major fut bouleversé de fond en comble, et tous les instruments qu'il renfermait détruits ou emportés.

Le palais de Hassan-Kachef, où l'on avait établi l'Institut, était à une lieue du quartier général. Bientôt une multitude furieuse l'entoure ; des cris de mort retentissent ; la position ne semble pas défendable : du côté du jardin, il n'existe, pour résister aux insurgés, qu'un faible treillage ; d'ailleurs, on n'a point de fusils ; la seule chance de salut est donc de faire retraite vers le quartier général. Cette opinion va prévaloir ; déjà la plupart des savants, des artistes, des littérateurs, se présentent en ordre à la porte pour sortir. Monge s'y oppose ; il barre l'issue, et, s'adressant aux plus décidés : « Oserez-vous, dit-il, livrer à une destruction certaine les instruments précieux confiés à votre garde ? vous serez à peine dans la rue que les insurgés s'empareront du palais et mettront tout en pièces. » Ces paroles sont entendues ; on se décide à rester ; Monge, déjà chef légal du corps académique, est unanimement désigné comme l'ordonnateur suprême des mesures défensives. À sa voix, chaque outil devient une arme ; les couteaux, fortement attachés à de longues perches, feront l'office de fers de lance ; on consolide les murs ; on barricade les issues, et quand ces préparatifs sont achevés, lorsque Monge a pourvu à tous les devoirs du commandement, il va, de sa personne, se mettre en faction au poste le plus dangereux, et s'écrie avec une gaieté naïve : « Maintenant, qui veut venir causer avec moi pour tempérer les ennuis de la situation ? »

Ainsi se passèrent de longues heures, au milieu d'alertes continuelles. Le palais de Hassan-Kachef ne fut dégagé qu'après deux jours et demi d'investissement. Monge trouva alors le plus noble dédommagement de sa belle conduite dans ces paroles solennelles des membres de l'Institut : : « Votre prudence, votre fermeté, votre présence d'esprit, nous ont sauvés. »

Le palais de l'Institut était en communication avec le beau jardin de Cassim-Bey. Les séances officielles du corps savant se tenaient au palais. C'est dans le jardin que les membres de toutes les classes et ceux de la commission scientifique se retrouvaient le soir. Ces réunions nocturnes n'avaient rien de solennel ; ne serait-ce point à raison de cette circonstance qu'elles offraient tant d'intérêt ? Sous un ciel d'azur, parsemé de milliers d'étoiles resplendissantes, Monge, donnant carrière à sa brillante imagination, excitait l'enthousiasme des savants, des littérateurs, des artistes, qui l'entouraient. Tantôt l'auditoire se sentait entraîné par la variété, la richesse et la grandeur des aperçus ; tantôt son attention se portait de préférence sur le talent d'exposition admirable qui le faisait pénétrer sans efforts dans les profondeurs de la science, réputées inaccessibles au vulgaire.

Ces conversations savantes se prolongeaient fort avant dans la nuit. Nos confrères se complaisaient à les assimiler aux entretiens en plein air des philosophes grecs et de leurs disciples dans le jardin d'Académus. On s'habitua même à ne trouver entre les deux situations, entre les deux époques, qu'une différence légère : les platanes du jardin d'Athènes étaient remplacés au Caire par des acacias.

Voilà une bien grande erreur, Messieurs. Il y avait réellement tout un monde entre les vues et les méthodes des deux écoles. Mettez à l'écart quelques points de morale, sur lesquels d'anciens philosophes nous ont légué des conceptions vraiment sublimes, et vous ne les trouverez généralement occupés que de problèmes à jamais inabordables, sans solution possible ; que de questions qui ne pouvaient pas même être posées en termes nets et précis ; que de rêveries oiseuses ou stériles.

À l'Institut d'Égypte, au contraire, sans prétendre porter atteinte à un droit imprescriptible de l'imagination, celui de tracer à l'esprit humain des routes entièrement nouvelles, on s'accordait à n'enregistrer les théories dans les fastes de la science qu'après leur avoir fait subir le contrôle sévère de l'expérience et du calcul. Combien n'y a-t-il pas de questions capitales que nous serons réduits à léguer à nos neveux telles que nous les avons reçues, et qui seraient définitivement résolues si les philosophes tant vantés de la Grèce, au lieu de prétendre deviner la nature, avaient accepté le rôle infiniment plus modeste, mais plus sûr, de l'observer.

Un rapport de Berthier, chef de l'état-major général de l'armée d'Orient, au ministre de la guerre, contenait ces lignes, si flatteuses pour les deux représentants de l'Institut de France en Égypte : « Les citoyens Monge et Berthollet sont partout, s'occupent de tout, et sont les premiers moteurs de tout ce qui peut propager les sciences. » Le général aurait dû ajouter que, dès l'origine, les deux académiciens s'étaient occupés sans relâche des moyens de frapper l'imagination des Orientaux ; des spectacles empruntés aux arts, aux sciences, qui semblaient propres à montrer la supériorité de la France et à fortifier notre conquête. Il est vrai que ces tentatives restèrent presque toujours sans résultat.

Un jour, par exemple, Bonaparte demanda aux principaux cheiks d'assister à des expériences de chimie et de physique. Dans les mains de Monge et de Berthollet, divers liquides éprouvèrent les plus curieuses transformations ; on engendra des poudres fulminantes ; de puissantes machines électriques fonctionnèrent avec tous leurs mystères. Une science qui venait de naître, celle du galvanisme, fut mise aussi à contribution ; par de simples attouchements métalliques, on produisit sur des animaux morts, dépecés, des convulsions qui, au premier aspect, autorisent à croire à la possibilité de résurrections. Les graves musulmans n'en restèrent pas moins des témoins impassibles de toutes ces expériences. Bonaparte, qui s'attendait à jouir de leur étonnement, en témoigna quelque humeur. Le cheik El-Bekry s'en aperçut, et demanda sur-le-champ à Berthollet si, par sa science, il ne pouvait pas faire qu'il se trouvât en même temps au Caire et à Maroc. L'illustre chimiste ne répondit à cette demande ridicule qu'en haussant les épaules. « Vous voyez bien, dit alors El-Bekry, que vous n'êtes pas tout à fait sorcier. »

Monge n'éprouva pas une moindre déconvenue le 1er vendémiaire, septième anniversaire de la fondation de la République. Sur sa proposition, il avait été décidé que, ce jour de fête, on rendrait les indigènes témoins d'un spectacle qui semblait devoir inévitablement frapper leur imagination. L'ascension de l'aérostat, préparé par Conté, réussit à souhait ; mais les Africains n'en montrèrent aucune surprise ; on vit bon nombre d'individus de tous les rangs traverser la grande place Esbékiéh sans daigner lever la tête à l'instant où le ballon planait majestueusement dans les airs.

Monge ne se trompait-il pas en cherchant dans ce qu'il appelait l'apathie des pays chauds la cause du peu d'étonnement qu'avait manifesté l'élite de la population égyptienne dans le laboratoire de chimie, dans le cabinet de physique ou sur la place Esbékiéh, pendant l'ascension de l'aérostat ? Le cheik El-Békry a déjà répondu : les Orientaux croient généralement à la sorcellerie ; or, que sont les résultats positifs de la science, de l'art, à côté des conceptions imaginaires d'un sorcier ? Pouvait-on raisonnablement espérer d'exciter de l'enthousiasme, par quelques expériences plus ou moins ingénieuses, chez des hommes nourris de la lecture des *Mille et Une nuits* ; chez des hommes habitués à prendre les récits de la princesse Schéhérazade non pour des rêveries d'une imagination fantasque, mais comme des peintures d'un monde réel ? Présentez à ces mêmes hommes des choses vraiment extraordinaires dans l'ordre de leurs idées ou de leurs habitudes, et vous les trouverez susceptibles d'étonnement, d'enthousiasme comme les Européens. Voyez, par exemple, avec quelle assiduité, avec quel recueillement des musulmans de tout âge, des dignitaires de l'ordre des ulémas assistaient aux séances de l'Institut, même avant de savoir un seul mot de notre langue. Une assemblée délibérante qui ne s'occupait ni de religion, ni de guerre, ni de politique, était à leurs yeux un véritable phénomène. Ils comprenaient encore moins que le chef suprême de l'expédition, que le vainqueur de Mourad-Bey, que le sultan Kébir, pour parler leur langage, n'eût qu'une voix dans les scrutins, comme le plus humble membre de l'Institut, et qu'il consentît à courber ses opinions personnelles devant celles de la majorité.

Dans ce cas-ci, tout était neuf, sans précédents ; aucune légende orientale, aucun conte, parmi les plus romanesques, n'avaient fait mention d'une république des lettres. Lorsque cette république apparut aux habitants du Caire, ils donnèrent un libre cours à leur surprise, et dévoilèrent ainsi nettement les causes qui, en d'autres circonstances, les avaient fait paraître si apathiques.

Dans la série de tentatives auxquelles Monge se livra pour amener les musulmans à reconnaître notre supériorité, il en est une dont le besoin d'abréger me déciderait à ne point faire mention si des recherches toutes récentes d'un érudit n'étaient venues, à mon sens, lui donner un véritable intérêt.

Sur la proposition de Monge, on chercha à conquérir les sympathies des Égyptiens par les charmes de la musique. Un orchestre nombreux, composé d'artistes très habiles, se réunit un soir sur la place Esbékiéh du Caire, et exécuta en présence des dignitaires du pays et de la foule, tantôt des morceaux à instrumentation savante, tantôt des mélodies simples, suaves, tantôt enfin des marches militaires, des fanfares éclatantes. Soins inutiles ; les Égyptiens, pendant ce magnifique concert, res tèrent tout aussi impassibles, tout aussi immobiles, que les momies de leurs catacombes. Monge s'en montrait outré. « Ces brutes, s'écria-t-il en s'adressant aux musiciens, ne sont pas dignes de la peine que vous vous donnez ; jouez-leur *Marlborough* ; c'est tout ce qu'elles méritent. » *Marlborough* fut joué à grand orchestre, et aussitôt des milliers de figures s'animèrent, et un frémissement de plaisir parcourut la foule, et l'on crut un moment que jeunes et vieux allaient se précipiter dans les vides de la place et danser, tant ils se montraient gais et agités.

L'expérience, plusieurs fois renouvelée, donna le même résultat. Se passionner pour l'air de *Marlborough* et ne trouver, comparativement, qu'un vain bruit dans des morceaux de Grétry, de Haydn, de Mozart, c'était, disait-on universellement, montrer une inaptitude complète pour la musique. Cette conclusion, appliquée à tout un peuple, avait, psychologiquement et physiologiquement parlant, quelque chose de très-extraordinaire : aussi l'esprit pénétrant de Monge l'admettait avec peine, quoiqu'elle se présentât comme une déduction inévitable des faits. Aujourd'hui, les faits peuvent être envisagés sous un autre jour ; aujourd'hui, la prédilection des Égyptiens pour l'air de *Marlborough* est susceptible de recevoir une explication qui n'implique nullement l'absence du sens musical chez tout homme coiffé du turban ou du fez. Cette explication est très-simple. Monge l'eût certainement adoptée ; quelques mots suffiront pour montrer que je m'a vent ure peu en parlant avec cette assurance.

Il résulte d'une tradition que M. de Chateaubriand n'a pas dédaigné de recueillir et de commenter, de la dissertation plus récente pleine d'érudition et, ce qui n'est pas toujours la même chose, pleine d'esprit, publiée récemment par M. Génin, que l'air de *Marlborough* à une origine arabe ; que la chanson elle-même appartient au moyen âge ; que, suivant toute probabilité, elle fut raprapportée en Espagne et en France par les soldats de Jayme Ier d'Aragon et de Louis IX ; qu'on doit considérer cette chanson comme une sorte de légende d'un croisé obscur, nommé Mambrou ; que la légende de Mambrou était, musique et paroles, la chanson que madame Poitrine chantait pour endormir son royal nourrisson, fils de Louis XVI, lorsque Marie-Antoinette la surprit, trouva l'air à son gré, et déclara vouloir le mettre à la mode ; qu'enfin le nom du duc de Marlborough (Churchill), le nom du général célèbre par la bataille de Malplaquet, ne prit la place du nom du très-modeste croisé Mambrou que par une grosse bévue.

Ces résultats d'une fine érudition une fois adoptés, les scènes de la grande place Esbékiéh n'ont plus rien d'extraordinaire : les Égyptiens furent émus quand on leur joua *Marlborough*, comme le sont les Suisses lorsqu'ils entendent le *Ranz des vaches*. Les souvenirs d'enfance ont le privilége de faire circuler la vie dans les natures les moins généreuses. Ajoutons que le *Marlborough*, admirablement exécuté par le nombreux orchestre de la place du Caire, devait avoir des charmes auxquels les musiciens barbares de l'Orient n'avaient pas accoutumé leurs auditeurs.

Monge eut toujours un goût très-prononcé pour la connaissance des étymologies, des origines, de la filiation des coutumes populaires. La certitude que la digression dont la chanson de *Marlborough* a fourni le texte aurait, en point de fait du moins, intéressé l'illustre géomètre, m'a peut-être entraîné au delà des limites que le sujet comportait. Je confesse ma faute, mais sans prendre l'engagement de ne la plus commettre, même en connaissance de cause, lorsque, sans blesser la vérité, je pourrai introduire dans les biographies de nos confrères des faits, des anecdotes, des détails, qu'à mon avis ils eussent désiré y voir ; je me conformerai à cette intention présumée tout aussi scrupuleusement que le ferait un exécuteur testamentaire en présence de la stipulation écrite la plus formelle. Dans cette œuvre de conscience, je ne reculerai pas même devant ce que j'appréhende à un très-haut degré : la crainte de fatiguer mes auditeurs et de leur causer de l'ennui.

EXPÉDITION DE SYRIE.

Monge et Berthollet accompagnèrent le général en chef dans l'expédition de Syrie. Monge fut atteint devant Saint-Jean-d'Acre de la terrible dysenterie qui décimait l'armée. Tout le monde tenait la maladie pour contagieuse ; cette opinion, chacun l'a deviné, n'empêcha pas Berthollet de s'établir dans la tente de son ami, et de lui prodiguer nuit et jour, pendant trois semaines consécutives, les soins les plus tendres. Bonaparte lui-même, quoique absorbé par les péripéties souvent cruelles d'un siége long, meurtrier et d'une difficulté sans exemple, allait régulièrement visiter son confrère des Instituts de France et d'Égypte. L'intelligence d'élite dont la nature l'avait doué lui fit rapidement comprendre que les ressources de l'art seraient impuissantes si l'on n'arrivait pas à calmer l'imagination de l'illustre malade. Un bulletin journalier, rédigé dans cette vue, tint Monge au courant de la marche des opérations de l'armée ; souvent même on lui communiquait les lettres de service écrites sous la dictée du général en chef. Mais notre confrère, on l'avait oublié, n'était pas seulement un géomètre théoricien ; il avait passé douze années dans une école du génie ; il connaissait à merveille les bases des calculs techniques qui servaient à déterminer le nombre de jours de tranchée ouverte après lequel, disait-on, une forteresse devait inévitablement se rendre, après lequel la garnison pouvait capituler sans déshonneur ; il savait surtout que ces calculs n'étaient point applicables à des places maritimes, en libre communication avec la mer, pouvant sans cesse renouveler leurs provisions, leurs munitions, leurs défenseurs ; évacuer leurs blessés, leurs malades. Monge ne prenait donc pas à la lettre les prédictions contenues dans les ordres du jour. Cependant notre confrère conservait quelque espérance : Bonaparte n'avait-il pas vaincu souvent, très-souvent, malgré les prévisions contraires des officiers les plus expérimentés ?

Une dépêche dont on donna lecture au malade dissipa ses dernières illusions ; elle était datée du 25 germinal an VII (li avril 1790). Le général en chef disait au gouverneur d'Alexandrie : « Depujs quinze jours nous ne tirons pas. L'ennemi, au contraire, tire comme un enragé. Nous nous contentons de ramasser humblement ses boulets, de les payer vingt sous, et de les entasser au parc. » Ces paroles éclairaient toute la situation. Les écrivains systématiques qui cherchaient anciennement à évaluer les plus longues durées de la résistance possible des forteresses n'avaient pas cru devoir s'occuper, même théoriquement, d'une attaque où l'assiégeant serait réduit dans ses moyens d'action, aux projectiles que lui lancerait l'assiégé.

À partir du jour où la lettre du 25 germinal lui fut connue, Monge désespéra entièrement de la prise de Saint-Jean d'Acre, et les médecins de son rétablissement.

Les choses, en ce qui touchait la santé de notre confrère, tournèrent tout autrement qu'on ne l'avait craint. Tant que la question pendante parut être très-sérieusement la reddition de la ville de Djezzar-Pacha, le moindre mécompte dans l'effet d'une mine, dans le passage projeté d'un fossé, dans l'assaut d'un ouvrage avancé, mettait le malade au désespoir, et amenait dans son état des crises très-dangereuses. Du moment où Monge fut convaincu que la retraite était inévitable, que les derniers efforts n'avaient qu'un but, le droit d'écrire légitimement sur les bannières de l'armée, *l'honneur est intact*, le calme revint, et notre confrère ne parut plus guère occupé qu'à classer méthodiquement dans sa mémoire les événements qu'on lui transmettait.

Parmi ces événements, il en est un qui fit sur Monge une impression profonde, ineffaçable. Quand il la racontait, même quinze ans après, ses yeux jetaient des éclairs, des larmes de satisfaction humectaient ses paupières. « De ce moment, disait-il, je compris que la vraie gloire n'est pas toujours dans le succès. N'a-t-on pas vu des canons habilement pointés par des hommes d'une bravoure équivoque décider souvent du gain d'une bataille, de la réussite d'un assaut, de la perte ou de la conservation d'une forteresse ?

« L'action du capitaine de la 85e demi-brigade, que chacun s'empressa de me communiquer à l'instant même où l'armée venait d'en être témoin, partait d'un sentiment qui serait resté sublime, comme le dévouement des

Spartiates aux Thermopyles, même au milieu d'une défaite. Cette action produisit dans ma santé la plus heureuse révolution ; je jouissais d'avance du plaisir que je trouverais à la retracer devant tous ceux qui me parleraient de la levée du siége. »

Monge circonscrivait beaucoup trop, par ces dernières paroles, les occasions où il raconterait l'événement qui l'avait tant ému. Sous la domination permanente de son imagination vive et patriotique, ces occasions se reproduisaient sans cesse, et je crois, en vérité, obéir à une injonction de mon illustre maître en essayant, autant qu'il est en moi, de sauver de l'oubli ce que ces récits renouvelés avaient si fortement gravé dans notre mémoire :

Un capitaine de la 85e demi-brigade reçut l'ordre de monter à l'assaut d'une tour dont la partie saillante seulement avait cédé à l'explosion d'une mine. Il commandait quatre-vingts hommes d'élite. Vingt-cinq de ces intrépides soldats prirent position dans le fossé, afin d'empêcher que leurs camarades, gravissant la brèche, fussent attaqués en flanc. Ceux-ci, après bien des efforts, arrivèrent au sommet des décombres. Le capitaine y planta, suivant sa promesse, le drapeau que le général Bonaparte lui avait remis au moment où il débouchait de la tranchée, et il en confia la garde à un sous officier. Toutes les issues de la tour étaient barricadées. L'ennemi occupait la partie encore intacte, et de là faisait rouler sans cesse sur le détachement des bombes, des boulets creux, des matières incendiaires. Dans une sortie de la garnison de la place, les vingt-cinq soldats du fossé, après une magnifique défense, furent tous exterminés. Sur la brèche, le nombre des hommes valides se trouvait réduit à dix. Aucune disposition n'annonçait qu'on voulût leur porter secours, quoique depuis une heure ces braves gens se maintinssent dans cette position périlleuse. Le capitaine commanda donc la retraite ; mais, au moment du départ, le sous-officier préposé à la garde du drapeau fut tué sans qu'au milieu d'une fumée épaisse et de tourbillons de poussière personne s'en aperçût. Le capitaine, après avoir échappé à mille périls, était rentré dans la tranchée, lorsqu'en se retournant il vit son drapeau flottant encore au sommet de la tour. Aussitôt il s'élance, remonte seul à l'assaut et va le reprendre. Ses habits sont criblés de balles ; il a reçu deux graves blessures, mais sa glorieuse bannière n'est pas restée aux mains de l'ennemi.

Il est des faits que les biographes, sous peine d'une sorte de sacrilège, doivent rapporter avec une exactitude scrupuleuse. Telle est la pensée qui me dominait lorsque je m'attachais à reproduire le récit que Monge m'avait fait, plusieurs fois, de l'action héroïque du capitaine de la 85e demi-brigade. Je me demandais avec inquiétude si la mémoire de notre confrère avait été entièrement fidèle ; si moi-même, sur quelques détails, je ne me laissais pas abuser par mes souvenirs. Le plus heureux hasard m'a récemment appris que le vaillant officier vivait encore près de Rodez, dans le département de l'Aveyron. Un ami commun s'était chargé de lui écrire ; la réponse nous est parvenue ; elle porte en tête le mot *rapport,* tant, Messieurs, un désir exprimé, même indirectement, au nom de l'Académie, a fait d'impression sur le vieux soldat. Le rapport m'autorise à ne pas changer une seule syllabe dans ce que j'avais tracé d'après des souvenirs déjà fort anciens. Je crois cependant que, s'il m'eût été connu plus tôt, j'aurais substitué à quelques expressions animées de Monge ces paroles plus calmes de l'intrépide officier :

« Je vis le drapeau flotter sur les décombres de la tour ; je crus qu'il ne fallait pas l'abandonner ; je remontai pour le reprendre. »

J'ai pensé qu'une action à laquelle Monge attribua sa convalescence et la possibilité où il se trouva de suivre l'armée dans son mouvement de retraite pouvait être, dans cette biographie, l'objet d'un souvenir circonstancié. Je crois aussi m'acquitter d'un devoir en soulevant le voile derrière lequel voudrait rester caché le capitaine de la 85e demi-brigade, dont les rapports sont signés aujourd'hui : « L'officier qui, n'ayant plus d'épée, manie la charrue ! » Cet officier est le général Tarayre.

L'armée d'Égypte, depuis les généraux jusqu'aux simples fantassins, regrettait vivement, les jours de bataille exceptés, qu'on l'eût amenée faire la guerre dans le pays du sable. C'était l'expression des troupiers. Suivant l'opinion commune, Monge et Berthollet avaient été les promoteurs de cette malencontreuse expédition. Souvent ces deux noms figurèrent dans l'expression du mécontentement des soldats, surtout lorsqu'une soif ardente les torturait, surtout après la levée du siége de Saint-Jean d'Acre, au milieu des sables ardents du désert. Ce sentiment, que, dans certaines circonstances, on aurait pu prendre pour de la haine, n'avait rien de sérieux. Monge ne quittait jamais un poste, un bivouac, sans s'être fait des amis de tous ceux qui l'avaient approché.

L'armée mourant de soif aperçoit un puits ; chacun se précipite ; c'est à qui boira le premier, sans distinction de grade. Monge arrive, et entend dire de toute part dans la foule : Place à l'ami intime du général en chef ! — Non, non, s'écrie l'illustre géomètre, les combattants d'abord ; je boirai ensuite, s'il en reste !

L'homme qui, en proie à la plus cruelle des tortures, a prononcé ces belles paroles peut compter à jamais sur la vénération profonde de tous ceux qui les ont entendues, quoiqu'il ait amené l'armée dans le pays du sable.

Si Monge se faisait des amis de tous ceux qui l'approchaient, c'est qu'il était pour tout le monde d'une complaisance inépuisable ; c'est qu'il répondait avec le même empressement, avec le même soin, avec le même scrupule à la question du fantassin et à celle du général. Seulement, quand il avait un auditoire principalement composé de simples soldats, notre confrère manquait rarement de jeter dans ses explications des détails familiers et gais.

Un jour, au milieu de ces mers de sable indéfinies, où il n'existe pas un seul brin d'herbe pour reposer la vue, Monge fut entouré par une multitude de soldats, jadis laboureurs peut-être, qui lui demandèrent si le pays avait toujours été aussi aride, et s'il ne s'y opérerait pas des changements dans le cours des siècles. Monge leur raconta aussitôt tout ce que les membres de l'Institut d'Égypte avaient observé sur la manière dont les sables se déplacent, sur la vitesse moyenne de leur propagation, etc., etc. Il était arrivé au terme de sa démonstration, lorsque le général en chef survint et s'écria : « Monge, que dites-vous donc à ces braves gens, pour qu'ils vous écoutent avec tant d'attention ? — Je leur expliquais, général, que notre globe éprouvera bien des révolutions avant que des voitures se réunissent ici en aussi grand nombre qu'à la porte de l'Opéra, à Paris, les jours de première représentation. »

Une immense explosion de gaieté, dont le général prit sa bonne part, prouva que Monge, dans l'occasion, savait sortir avec esprit de sa gravité habituelle.

Je ne quitterai pas ce sujet sans appeler encore votre attention sur une circonstance dans laquelle Monge reconnut, avec une vive sensibilité, combien, malgré quelques apparences contraires, l'armée avait su l'apprécier.

C'était aussi dans le désert. Un soldat mourant de soif jette sur la petite gourde que notre confrère porte suspendue à son ceinturon un regard où se peint à la fois le désir, la douleur, le désespoir. Monge a tout remarqué, et n'hésite pas une seconde. « Viens, crie-t-il au soldat, viens boire un coup. » Le malheureux accourt et n'avale qu'une gorgée. « Bois donc davantage, lui dit affectueusement notre confrère. — Merci, répond le soldat, merci. Vous venez de vous montrer charitable, et je ne voudrais pour rien au monde vous exposer aux douleurs atroces que j'endurais tout à l'heure. »

On peut être fier, ce me semble, d'appartenir à un pays où des hommes sans culture éprouvent de pareils sentiments et savent les exprimer avec tant de noblesse !

MONGE QUITTE L'ÉGYPTE AVEC LE GÉNÉRAL EN CHEF.

Pressé par le temps, je suis obligé de supprimer l'analyse de plusieurs travaux de l'Institut d'Égypte auxquels Monge participa, afin d'arriver plus promptement aux circonstances dramatiques qui signalèrent le départ du général en chef et de notre confrère pour la France.

L'armée turque, débarquée à Aboukir, venait d'être anéantie ; la solde était au courant. Vers cette même époque, de très-fâcheuses nouvelles de l'armée d'Italie arrivèrent au Caire. Le général Bonaparte se décida aussitôt à retourner en France et à emmener avec lui Monge et Berthollet. La moindre indiscrétion pouvait compromettre ce projet audacieux. Monge fit donc tous ses efforts pour garder scrupuleusement le secret d'État que le général lui avait confié. Y réussit-il ? Je n'ose pas prononcer ; j'aime mieux m'en remettre à votre propre décision.

Le général annonçait publiquement qu'il allait visiter le Delta, passer de là aux lacs Natron et ensuite au Fayoum, étudier enfin minutieusement la partie ouest du désert, comme il avait exploré la région orientale peu de temps après la conquête du Caire.

Un voyage de quelques jours à l'embouchure du Nil et aux lacs Natron n'aurait pas dû décider Monge à faire présent de tous ses livres, de tous ses manuscrits à la bibliothèque de l'Institut. Cet incident frappa d'étonnement tous les habitants du palais de Hassan-Kachef. Le même jour, notre confrère donna ses provisions de bouche à Conté. Quand ce second fait fut connu, quelques membres de la commission scientifique, en proie à une inquiétude légitime, se décidèrent à surveiller toutes les démarches de leur chef ; ils le surprirent se parlant à lui-même, et disant avec douleur : « Pauvre France ! » L'exclamation n'apportait aucune nouvelle lumière quant au projet de départ ; malheureusement elle autorisait les suppositions les plus sinistres sur l'état de notre pays. Monge eut, dès ce moment, à subir une foule d'interpellations directes. Il n'y répondait que par des paroles sans suite. La douleur qu'il éprouvait à se séparer si brusquement de ses confrères, de ses amis, de ses disciples, était empreinte dans les traits de sa figure, dans toute sa personne ; elle lui arracha même cette expression de blâme : « Le général va trop vite dans ses expéditions. » Enfin, après deux jours d'angoisses, le 30 thermidor, à dix heures du soir, la voiture du général en chef, escortée de guides, s'arrêta devant le palais de l'Institut. Monge et Berthollet y étaient à peine montés, que Fourier, que Costaz, se jetèrent à la portière et supplièrent leurs deux confrères de calmer les vives alarmes de toute la commission scientifique : « Mes chers amis, répondit Monge, si nous partons pour la France, nous n'en savions rien aujourd'hui avant midi. »

Le projet de départ pour la France se trouvait ainsi clairement divulgué. Le général, à qui les adieux compromettants de Monge furent rapportés, en témoigna de l'humeur. Notre confrère se justifia facilement. Il dépeignit, d'une voix émue, les difficultés de sa position ; il fit remarquer que plusieurs circonstances avaient pu amener les membres de la commission scientifique à croire que Berthollet et lui ne se sépareraient jamais d'eux ; que peut-être ils seraient accusés l'un et l'autre d'avoir manqué à leur parole ; qu'il n'en fallait pas davantage pour expliquer quelques propos indiscrets qu'on leur reprochait. « Quant aux démarches, ajouta-t-il, qui ont donné l'éveil, permettez, mon cher général, que je vous le dise : vous y figurez vous-même pour une large part : certain portrait, un portrait de femme, demandé au peintre Conté trois fois dans la même journée, a plus fait travailler les imaginations que mes livres, mes manuscrits et mes modestes provisions. » Le général réprima un léger sourire, et le débat n'alla pas plus loin.

Pendant que les membres de la commission scientifique s'abandonnaient au désespoir, sans interrompre cependant leurs préparatifs de voyage pour la haute Égypte, un d'entre eux, Parseval-Grandmaison, en proie à une nostalgie inquiétante, quitta le Caire sans prendre conseil de personne et se dirigea sur Alexandrie.

Comment un homme malade, isolé, réduit à ses propres moyens, parvint-il à franchir l'intervalle de ces deux villes, à peu près aussi vite que le général en chef, disposant de toutes les ressources de l'armée et du pays conquis ? J'ignore si le poëte, en commerce de tous les instants avec sa muse, trouva jamais l'occasion de divulguer ce secret à d'humbles mortels ; je sais seulement qu'il arriva à Alexandrie à l'instant où les deux frégates *la Muiron* et *la Carrère*, déjà loin du port, allaient mettre à la voile, et que le général, s'obstinant à considérer le voyage de Parseval comme un acte d'indiscipline (il prononça même le mot de *désertion*), refusait de permettre l'embarquement du fugitif. Monge s'épuisait en sollicitations : « Rappelez-vous, disait notre confrère au général Bonaparte, que Parseval a souvent embelli nos séances de l'Institut du Caire en nous lisant des fragments de sa traduction de la *Jérusalem délivrée*, auxquels vous applaudissiez vous-même. Veuillez songer qu'il travaille à un poëme sur Philippe-Auguste ; qu'il a déjà fait douze mille vers. — Oui, repartit le général, mais il faudrait douze mille hommes pour les lire ! » Un immense éclat de rire succéda à cette saillie. La gaieté rend bienveillant ; Monge ne l'ignorait pas ; il profita de la circonstance, et Parseval fut embarqué.

Vous pardonnerez à l'épigramme, malgré tout ce qu'elle avait d'injuste, puisqu'elle sauva du désespoir, et probablement d'une mort prématurée, un des littérateurs les plus estimables dont notre pays puisse se faire honneur ; puisqu'elle donna à l'Académie française l'occasion d'accorder ses suffrages à un homme qui, tout aussi légitimement que Crébillon, aurait pu s'écrier, en prenant pour la première fois séance dans cette enceinte :

Aucun fiel n'a jamais empoisonné ma plume.

Les conversations qui s'engageaient sur le pont de la frégate *la Muiron* pendant son passage d'Alexandrie aux côtes de France étaient moins savantes, moins philosophiques que celles dont le pont du vaisseau *l'Orient* avait été le théâtre pendant que notre belle et puissante escadre, sortie de Toulon, voguait vers le rivage égyptien.

Les inquiétudes qu'on avait sur l'état intérieur de la France et sur ses relations avec les puissances étrangères en fournissaient presque exclusivement le sujet.

« Savez-vous, dit un jour le général Bonaparte, que je suis entre deux situations très-dissemblables. Supposons que j'aborde la France sain et sauf, alors je vaincrai les factions, je prendrai le commandement de l'armée, je battrai les étrangers, et je ne recevrai que des bénédictions de nos compatriotes. Supposez, au contraire, que je sois pris par les Anglais, je serai enfermé dans un ponton et je deviendrai pour la France un déserteur vulgaire, un général ayant quitté son armée sans autorisation. Aussi il faut en prendre son parti, je ne consentirai jamais à me rendre à un vaisseau anglais. Si nous sommes attaqués par des forces supérieures, nous nous battrons à outrance. Je n'amènerai jamais mon pavillon. Au moment où les matelots ennemis monteront à l'abordage, il faudra faire sauter la frégate. »

Toutes les personnes dont le général était entouré écoutaient ce discours avec une surprise manifeste, et ne prononçaient aucune parole approbative, lorsque Monge, rompant ce silence significatif, s'écria : « Général, vous avez bien apprécié votre position ; le cas échéant, il faudra, comme vous l'avez dit, nous faire sauter. — Je m'attendais, repartit Bonaparte, à ce témoignage d'amitié de votre part ; aussi je vous chargerai de l'exécution. » Le sur lendemain, on aperçut à l'horizon une voile qu'on prit d'abord pour un bâtiment anglais ; aussitôt le branleras de combat fut exécuté, et chacun se rendit à son poste.

Bientôt on reconnut que le bâtiment n'était pas ennemi.

« Où est Monge ? » demanda le général. On le chercha pour l'avertir que tout danger avait cessé ; on trouva le savant illustre à côté de la sainte-barbe, une lanterne allumée à la main.

ARRIVÉE EN FRANCE.

Monge et Berthollet firent le voyage de Fréjus à Paris avec le général Bonaparte, et dans sa voiture. Leurs vêtements dataient de deux ans, et étaient complétement usés. Là où le général passait incognito, les hommes du peuple, quand ils voyaient descendre nos deux confrères, manquaient rarement de dire : « N'est-il pas singulier que des individus ainsi faits se soient avisés de courir la poste avec six chevaux ? » Dans les lieux où Bonaparte était reconnu, on s'étonnait de le voir en si étrange compagnie.

Il y avait loin de là, Messieurs, à l'étiquette qui, quatre ans après, régnait despotiquement à la cour impériale. Tout considéré, certains esprits trouveront peut-être plus de vraie grandeur à la première de ces deux époques.

Monge, arrivé à Paris, avait eu à peine le temps de vaincre la résistance du portier et des domestiques de sa femme, refusant de recevoir un homme si mal vêtu, qu'il se rendit à l'École polytechnique, où le conseil de perfectionnement était assemblé. J'ignore comment les choses se passeraient aujourd'hui en pareille circonstance ; je sais seulement que la rentrée de notre confrère produisit une très-vive émotion : « Le conseil, dit le procès-verbal de la séance, suspend toute délibération pour se livrer à l'effusion de ses sentiments de joie sur le retour de Monge et de Berthollet. Monge était présent. Il recueille avec sensibilité les doux épanchements de l'amitié qui lui sont prodigués par ses collègues ; puis, par une heureuse diversion, il ramène les souvenirs sur les élèves de l'École polytechnique qui les ont accompagnés. Tous se sont distingués par leur conduite et leurs talents. Ils se sont montrés hommes faits avant l'âge. Au combat, ils égalaient les vieux grenadiers ; au travail périlleux des siéges, ils rivalisaient de sagesse et de sang-froid avec les ingénieurs consommés. Les membres du conseil s'arrachent avec peine aux douces émotions qu'ils éprouvent, et reprennent le cours de leurs travaux. »

Je vais reprendre aussi le cours de mon récit ; mais ce ne sera point sans recommander à l'attention publique cette époque où les savants avaient les uns pour les autres une si franche amitié ; cette époque où, en parlant des liens qui unissaient les professeurs de notre célèbre école, les procès-verbaux eux-mêmes échappaient à leur sécheresse proverbiale.

MONGE SÉNATEUR. — SA CONDUITE DANS LES CENT-JOURS.

Monge fut nommé sénateur à la première création, en 1799. Cinq ans après, il devint titulaire de la sénatorerie de Liége. Entre ces époques et celles des désastres de nos armées, je n'aperçois, dans la carrière de notre confrère, d'autre incident digne d'attention que les vifs débats dont j'ai déjà dit quelques mots, qui s'élevèrent entre Monge et l'Empereur au sujet de l'École polytechnique.

Les fonctions de sénateur étaient peu assujettissantes. Monge revint donc à ses études favorites sur la géométrie analytique. Les numéros du *Journal de l'École polytechnique*, où ses travaux paraissaient régulièrement, font foi que l'âge n'avait apporté aucune atteinte ni à la vigueur de conception de notre confrère, ni à cette rare qualité de l'esprit qui m'a permis de parler d'élégance à propos de Mémoires de mathématiques.

L'illustre géomètre continuait à donner de temps à autre des leçons à l'École polytechnique. Les élèves lui faisaient toujours un accueil où la vénération le disputait à l'enthousiasme.

Notre confrère prenait une part active aux discussions de la commission chargée de présider à la composition et à la publication du magnifique ouvrage sur l'expédition d'Égypte.

Monge était tout aussi assidu à nos séances qu'à l'époque où, jeune encore et peu connu, l'Académie l'enleva à l'école de Mézières pour se l'associer.

Presque tous les ans, l'auteur de la *Géométrie descriptive* allait prendre quelque repos dans son pays natal. Ce fut à sa terre de Morey, en Bourgogne, qu'il reçut le vingt-neuvième bulletin de la grande armée de Russie ; ce fut pendant qu'on lui en donnait connaissance que Monge vit se dissiper une à une les illusions dont il s'était bercé jusque-là sur les résultats de cette colossale expédition. Lorsque le lecteur arrivait à la dernière ligne du bulletin, Monge tomba frappé d'apoplexie !

Les sentiments qui se manifestent avec cette véhémence ont droit aux respects des hommes de cœur de toutes les opinions.

Quand notre confrère revint à lui, il dit avec douceur, avec le plus grand sang-froid à ceux qui l'entouraient : « Tout à l'heure, j'ignorais une chose que je sais maintenant ; je sais de quelle manière je mourrai. »

Dans les premières pages de cette biographie, je me suis étendu avec complaisance et bonheur sur l'enfance de Monge, sur ses succès précoces ; ma tâche sera maintenant moins douce : j'ai à vous montrer un homme de génie aux prises avec les passions politiques et succombant dans la lutte. Je puiserai dans le sentiment du devoir la force qui me sera nécessaire pour retracer avec détail cette courte et douloureuse période de la carrière de Monge ; je n'oublierai pas que l'utilité doit être notre but, que ces biographies ne mériteraient pas de fixer un seul moment l'attention des hommes sérieux, si elles ne devaient pas nous éclairer sur la marche de l'esprit humain, dans ses élans comme dans ses défaillances, et signaler à ceux qui nous suivront les écueils sur lesquels tant de brillantes renommées ont été se briser.

Vous venez de voir l'illustre académicien tombant comme frappé de la foudre à la lecture du vingt-neuvième bulletin de la grande armée. Par une rare exception, cette effrayante apoplexie ne porta pas une atteinte profonde aux facultés morales et intellectuelles de notre confrère. Les Cent-Jours le retrouvèrent encore plein de vivacité et d'ardeur.

L'Empereur se montrait très-irrité contre certains personnages qui lui semblaient avoir trop promptement, trop complétement oublié, pendant la première Restaurotion, les devoirs de la reconnaissance. Monge devint leur avocat. Il fit plus, Messieurs ; plusieurs fois notre confrère, violant les consignes formelles du palais des Tuileries, jeta résolument sur les pas de Napoléon des savants, des hommes de lettres en défaveur, et arriva ainsi à des rapprochements inespérés.

Pendant les Cent-Jours, on remarqua que Monge assistait régulièrement à toutes les revues du Carrousel. Arrivé le premier, il ne quittait la place qu'après le défilé. « C'est ridicule, » disaient les uns. — «C'esttriste», s'écriaient les autres avec une feinte pitié.

Serait-il donc vrai, Messieurs, que l'amour de la patrie, dans ses exagérations, si en pareille matière l'exagération était possible, dût cesser d'exciter le respect ? Non, non ! dans cette enceinte, j'ose l'affirmer, de vives, d'honorables sympathies auraient été acquises à l'homme illustre, au vieillard septuagénaire, qui, se défiant des rapports des journaux, cherchait, en s'imposant de grandes fatigues, à s'assurer par ses propres yeux que l'armée française improvisée serait, je ne dis pas assez vaillante, mais assez nombreuse pour résister au choc de l'Europe.

Monge était préparé par *ses revues* du Carrousel à la catastrophe de Waterloo. « J'avais, disait-il, acquis la certitude que, pour exciter la confiance de la capitale, les mêmes troupes paradaient plusieurs fois sous des dénominations différentes. » Monge se faisait illusion, sans doute, mais son erreur était excusable : n'avait-il pas vu, après la campagne de Syrie, le retour de notre petite armée au Caire transformé en une marche triomphale, dans laquelle, par ordre, chaque soldat s'était couvert de palmes ? Des évolutions de toute nature, très-habilement combinées, n'eurent-elles pas pour but de tromper la population égyptienne sur la force de l'armée française ?

Quoi qu'il en puisse être, Monge fut plus assidu encore auprès du général trahi par la fortune qu'il ne l'avait été auprès du vainqueur de Marengo, d'Austerlitz, d'Iéna, de Friedland, aux époques de sa toute-puissance. Les palais de l'Élysée et de la Malmaison, alors presque complétement déserts, reçurent le grand géomètre matin et soir.

Que ne m'est-il permis, Messieurs, de citer ici par leurs noms des personnages qui, entièrement privés, sans doute, du sens moral, croyaient simplement faire preuve d'une gaieté spirituelle en présentant des devoirs assidus rendus au malheur comme une preuve irrécusable d'affaiblissement dans les facultés intellectuelles ?

Le vaincu de Waterloo habitait l'Élysée. Dans un de ses entretiens intimes avec Monge, Napoléon développa les projets qu'il avait en vue. L'Amérique était alors son point de mire ; il croyait pouvoir s'y rendre sans difficulté, sans obstacle, et y vivre librement. « Le désœuvrement, disait-il, serait pour moi la plus cruelle des tortures. Condamné à ne plus commander des armées, je ne vois que les sciences qui puissent s'emparer fortement de mon âme et de mon esprit. Apprendre ce que les autres ont fait ne saurait me suffire. Je veux, dans cette nouvelle carrière, laisser des travaux, des découvertes, dignes de moi. Il me faut un compagnon qui me mette d'abord et rapidement au courant de l'état actuel des sciences. Ensuite, nous parcourrons ensemble le nouveau continent, depuis le Canada jusqu'au cap Horn, et dans cet immense voyage nous étudierons tous les grands phénomènes de la physique du globe, sur lesquels le monde savant ne s'est pas encore prononcé. » Monge, transporté d'enthousiasme, s'écria : «Sire, votre collaborateur est tout trouvé : je vous accompagne ! » Napoléon remercia son ami avec effusion ; il lui fit comprendre, non sans peine, qu'un septuagénaire ne pouvait guère se lancer dans une entreprise si pénible, si fatigante.

On s'adressa alors à un savant beaucoup plus jeune[1]. Monge exposait à son confrère, sous les plus vives couleurs, tout ce que la proposition avait de glorieux pour son objet, et plus encore à cause de la position du personnage illustre au nom duquel elle était faite. Une somme considérable devait dédommager le jeune académicien de la perte de ses places ; une autre forte somme était déjà destinée à l'achat d'une collection complète d'instruments d'astronomie, de physique, de météorologie. La négociation n'eut point de résultat. Elle avait lieu dans un moment où l'armée anglaise et l'armée prussienne s'avançaient à marches forcées sur la capitale. Or, le confrère de Monge s'imaginait, à tort ou à raison, que Napoléon avait commis une immense faute en venant à Paris s'occuper des questions oiseuses, intempestives de la Chambre des représentants, au lieu de rester à la tête des troupes pour les rallier, et faire, sous les murs de Paris, un dernier et solennel effort ; or, il déclara n'avoir pas, lui, assez de liberté pour s'occuper du cap Horn, des Cordillères, de températures, de pressions barométriques, de géographie physique, dans un moment où la France allait peut-être perdre son indépendance et disparaître de la carte de l'Europe.

Jamais l'amour de Monge pour Napoléon ne s'était montré plus à nu. Le refus catégorique d'accompagner l'Empereur en Amérique, de devenir collaborateur d'un si grand homme dans des recherches scientifiques variées frappa de stupeur l'illustre géomètre. Jamais il n'aurait placé d'avance une telle résolution dans le cercle des possibilités ; il la regarda comme l'effet d'une aberration momentanée dans l'intelligence de son jeune confrère, et alla demander de nouveau à partir. Dans l'intervalle, les événements avaient rapidement marché ; les pensées étaient tournées sur d'autres combinaisons. Le projet aurait d'ailleurs été s'ensevelir dans les flancs du vaisseau *le Northumberland*.

1. ↑ M. Arago.

SECONDE RESTAURATION. — EXAMEN DES DIATRIBES DONT LE SAVANT ILLUSTRE FUT L'OBJET.

Peu de jours après la seconde Restauration, Monge alla rendre visite à Guyton de Morveau, qui était très-gravement malade. Le célèbre chimiste reconnut son confrère, et lui dit d'une voix défaillante : « Je n'ai que peu de moments à vivre. Ma mort d'ailleurs arrivera bien à propos. Je leur épargnerai le soin de me trancher la tête. »

Les derniers accents d'un mourant ont quelque chose de solennel, qui agit fortement même sur les esprits les moins enclins à la superstition. Les funèbres paroles de Guyton revenaient sans cesse à l'esprit de Monge, et, quoique aux yeux de la raison sa position politique fût entièrement différente de celle d'un conventionnel qui avait figuré parmi les juges de Louis XVI, il ne s'en croyait pas moins menacé du danger dont le célèbre chimiste l'entretenait à son heure suprême. Cette préoccupation n'ayant pu être vaincue, il fallut que la famille de Monge se décidât à chercher une retraite où l'illustre vieillard serait exempt d'inquiétude, et que, s'imposant, encore une fois, la plus douloureuse privation, elle se séparât momentanément de l'homme, objet de toute sa tendresse, qui faisait à la fois son bonheur et son juste orgueil.

Monge se réfugia d'abord chez madame Ybert, rue Saint-Jacques.

Les femmes, pendant les phases diverses de notre longue révolution, ont toujours mis plus d'empressement que les hommes à accueillir les proscrits. Je ne sais si la remarque est nouvelle ; en tout cas, je puis espérer qu'une fraction au moins de cette assemblée me pardonnera de l'avoir reproduite.

En sortant de chez madame Ybert, Monge fit à un de ses anciens élèves l'honneur de se réfugier chez lui. Un peu plus tranquille dans cette seconde retraite, notre confrère y reprit ses études favorites de géométrie analytique. C'est là que se manifesta un phénomène psychologique assez étrange pour mériter qu'on en conserve le souvenir.

Monge venait de se livrer avec succès à des combinaisons très-compliquées sur le calcul aux différences partielles. Un pas encore, et le plus difficile problème était résolu. Ce pas, Monge ne parvint pas à le faire tout seul ; ce pas n'était cependant que la recherche des deux racines d'une équation algébrique du second degré, question qu'on ne propose guère, tant elle est simple, même dans les examens des élèves de première année de mathématiques.

Il se passera bien du temps, je le crains, avant que l'étude des propriétés de l'encéphale permette de pénétrer ces mystères de l'intelligence.

Napoléon était enchaîné au milieu de l'Océan africain sur une pointe de rocher volcanique et aride. Monge, rentré dans sa famille, mais à jamais séparé de son immortel ami, n'avait plus devant lui que quelques années d'une vie mélancolique. Désormais, la voix de l'illustre mathématicien, faible ou sans écho ne devait plus avoir le privilége de faire descendre les faveurs d'un grand monarque sur le mérite méconnu, sur d'honorables pauvretés. Tel fut le moment que des folliculaires choisirent pour soumettre la vie politique, scientifique et privée du fondateur de l'École polytechnique à des examens passionnés et de mauvaise foi.

Ces examens, disons mieux, ces réquisitoires étaient les signes avant-coureurs de l'orage qui allait éclater sur la tête du célèbre académicien. J'ai reconnu avec douleur qu'il en reste encore aujourd'hui des traces, et que le devoir me commande d'essayer de les effacer.

Nous avons déjà soumis les actes politiques de Monge à une discussion scrupuleuse. Je puis donc, sans autre transition, passer aux accusations dirigées contre le savant et l'homme privé.

Les ennemis implacables de notre confrère essayèrent d'abord de le dépouiller de ses titres de gloire les plus éclatants, les mieux constatés.

Ils allèrent jusqu'à nier effrontément que Monge fût le fondateur de l'École polytechnique. Vous savez ce que valait une pareille dénégation.

Je dois supposer que les folliculaires eux-mêmes n'en attendaient pas un très-grand effet, car leurs principales attaques portèrent sur le mérite réel de notre École. À les en croire, elle n'aurait joui, en France, en Europe, dans le monde, que d'une réputation usurpée. L'institution où, depuis un demi-siècle, se recrutent les armes savantes, les ponts et chaussées, les mines, les constructions navales, et même l'Institut, ne posséderait aucun des mérites qu'on s'est complu à lui attribuer. Je croirais vous faire injure en m'arrêtant à réfuter de telles hérésies. Cependant, puisqu'elles ont été en partie reproduites, dans une occasion solennelle, par des personnages fort en crédit, permettez que je consigne ici le jugement que portait déjà sur l'École, dès l'année 1799, un savant immortel à qui personne n'a jamais reproché de prodiguer ses éloges.

Le jour où il résigna, à cause de sa faible santé, ses fonctions de professeur d'analyse transcendante, Lagrange écrivit au conseil de perfectionnement une lettre qui se terminait en ces termes : « Recevez les assurances de l'intérêt que je conserverai toujours pour un établissement que je regarde comme un des plus beaux ornements de la République. »

Les déclamations passionnées et aveugles de quelques individus sans compétence ne feront pas descendre l'École polytechnique du rang élevé que, dès l'origine, lui assigna l'auteur de la *Mécanique analytique*.

Monge n'était, au dire de ses zoïles, qu'un homme sans lettres, n'ayant aucun sentiment du beau et du bon en matière de littérature ; sachant à peine distinguer les vers de la prose. Autant de mots, autant d'erreurs.

Monge, absorbé par des travaux géométriques, n'avait guère le temps de chercher des distractions dans la lecture. La Bible, Homère, les Commentaires de César, Plutarque, Corneille, Racine, et les Noëls, en langue bourguignonne, de La Monnoye, étaient ses ouvrages de prédilection. Vous le voyez, on aurait pu choisir plus mal.

J'avoue, car je ne veux rien dissimuler, qu'il n'appréciait pas, qu'il n'aimait pas La Fontaine ! On pouvait très-légitimement s'étonner de cette singularité ; je concevrais même qu'on eût voulu s'en faire une arme pour empêcher l'illustre géomètre d'être admis à l'Académie française, si jamais il avait songé à l'honneur de lui appartenir. Aller plus loin, c'était tomber dans l'exagération et le ridicule. Ne pourrais-je pas, si une indiscrétion m'était permise, citer un poëte contemporain trèsaimé du public qui, lui aussi, chose singulière, décrie à toute occasion les vers du bonhomme, et déclare ne leur trouver aucun mérite ? Mais j'aime mieux chercher des exemples de semblables bizarreries chez des auteurs anciens. Boileau ne méconnut-il pas le mérite éminent de son contemporain Quinault ? Qui ignore qu'un des plus élégants écrivains du siècle de Louis XIV, Malebranche, déclarait « que jamais il ne put lire dix vers de suite sans dégoût. » Monge aimait les vers ; il n'avait d'antipathie que pour ceux de l'immortel fabuliste. Plaignons-le, car il fut privé d'un des plaisirs les plus grands et les plus profitables qu'on puisse trouver, à tout âge, dans la lecture de La Fontaine ; hûtons-nous d'ajouter que, malgré ce manque extraordinaire de goût sur un point de littérature spécial et circonscrit, la *Géométrie descriptive,* le traité de *météorologie* et la plupart des Mémoires de Monge seront toujours cités comme des modèles dans l'art d'écrire sur des matières scientifiques.

Fermement résolus à dénier à notre confrère tous les genres de mérite, même ceux dont la postérité prend d'ordinaire très-peu de souci, les biographes réacteurs et haineux dont j'examine l'œuvre mensongère s'attaquèrent avec amertume, pour ainsi parler, aux manières, aux allures corporelles de Monge ; aux formes, aux habitudes de sa conversation. Dans cette petite section de leur grande croisade, ils eurent pour auxiliaire madame Roland.

Cette femme célèbre avait fait quelques portraits fort ressemblants, pétillants d'esprit et de finesse ; elle échoua complétement en voulant peindre Monge. Son prétendu portrait de notre confrère était une caricature aux contours grossiers, couverte de couleurs fausses, heurtées, blessant les vues les moins délicates. La compagne du ministre Roland, du personnage de France le plus solennel, le plus compassé, le plus raide dans ses manières, devait manquer des qualités indispensables pour bien apprécier la bonhomie, la naïveté de Monge.

Si la haine avait jamais raisonné, aurait-elle pris au sérieux une diatribe où Monge (oserai-je vraiment l'écrire ?) était représenté comme un esprit épais et borné ; où les termes pasquin, singe, ours et tailleur de pierre (ces trois derniers mots pris pour une injure) se trouvent groupés de telle manière que l'esprit se refuse à y voir l'œuvre d'une femme.

Monge ne possédait peut-être pas à un degré éminent les manières élégantes que donne l'usage du grand monde ; mais il avait, ce qui vaut infiniment mieux, une politesse sans affectation et sincère : la politesse qui vient du cœur.

Je suis loin de penser que, sur des questions politiques, Monge rivalisât, dans les salons du girondin Roland, avec les Guadet, les Gensonné, les Vergniaud ; mais j'ose dire que personne ne traitait un point de science d'une manière plus claire, plus pittoresque, plus attachante.

Le témoignage de deux mille élèves de l'École polytechnique ; celui des membres de l'ancienne Académie des sciences, de la première classe de l'Institut de France, de l'Institut d'Égypte tout entier, le témoignage enfin de Napoléon, sont, je pense, plus décisifs en pareille matière, que les décisions irréfléchies et sans convenance de madame Roland.

Vous avez remarqué, Messieurs, combien jusqu'ici il m'a été facile de renverser l'échafaudage de critiques que les ennemis de Monge s'étaient complu à édifier. J'arrive à deux points sur lesquels mon succès, je le crains, sera moins complet. Si j'écrivais ce qu'on est convenu d'appeler un éloge académique, je pourrais me jeter ici dans des considérations générales et vagues, formant, suivant l'usage, une sorte de voile à travers lequel les difficultés de mon sujet seraient faiblement aperçues, ou disparaîtraient entièrement. Un biographe n'a pas ces facilités, s'il est consciencieux ; tout ce qu'il articule doit être clair, net, précis, vrai, et ne jamais servir, malgré un adage célèbre, à déguiser la pensée. J'aborde donc, sans ambages d'aucune sorte, les deux reproches les plus spécieux qu'on ait voulu faire peser sur la mémoire de notre confrère.

Au début de sa vie politique, Monge applaudit avec un enthousiasme qui fut remarqué à l'abolition des titres nobiliaires. En 1804, Monge devint le comte de Péluze ; à partir de la même époque, il eut sur les panneaux de sa voiture « des armoiries d'or, au palmier de sinople, terrasse de même, au franc quartier de comte sénateur. » Bien entendu que, copiant littéralement la formule et étant fort peu expert en blason, j'ai pu commettre ici des erreurs considérables, pour lesquelles, s'il y a lieu, je m'excuse d'avance.

Où faut-il chercher la cause de l'anomalie que je viens de signaler ? Devons-nous supposer que les opinions de notre confrère avaient éprouvé, en très-peu d'années, une complète transformation ; que cette même noblesse, qu'il qualifiait, en 1789, d'institution vermoulue, était à ses yeux, quinze ans après, un élément indispensable dans l'organisation politique d'un grand royaume ?

Je repousse l'explication, car je ne la crois pas fondée. Notre confrère devint le comte de Péluze, tout en conservant les sentiments intimes du citoyen Monge.

Il me serait facile, personne ne l'ignore, de puiser une multitude de faits analogues dans l'histoire ancienne, et, plus encore, dans l'histoire de notre époque. Permettez que je m'en abstienne : ce n'est pas ainsi qu'un homme de génie peut être justifié quand il a failli. Ceux qui marchent à la tête des siècles par les travaux de l'esprit doivent aussi se distinguer de la foule par leurs actes.

Considérant les choses en elles-mêmes, j'ai toujours regretté, je l'avouerai, de trouver entre le début et la fin de la magnifique carrière de notre confrère un manque d'harmonie qui exigera toujours des commentaires, des explications. L'histoire scientifique aurait, ce me semble, fourni au savant géomètre des motifs péremptoires pour décliner les honneurs dont on voulait le combler. Je me persuade d'ailleurs que Napoléon, admirateur si net, si franc, des savants du premier ordre, eût trouvé naturel que Monge lui tînt ce langage :

« Les géomètres sur la trace desquels je me suis efforcé de marcher, Euler, d'Alembert, Lagrange, ont acquis une gloire immortelle sans avoir recherché, sans avoir obtenu des titres nobiliaires. La découverte mémorable de la cause physique du changement d'obliquité de l'écliptique, de la précession des équinoxes, de la libration de la lune, ces grandes énigmes de l'ancienne astronomie, ne gagneraient absolument rien à être signées d'un marquis d'Euler, d'un comte d'Alembert, d'un baron de Lagrange. Il en sera de même de mes travaux ; leur valeur restera indépendante de la place que vous pourrez m'assigner dans la hiérarchie sociale de votre empire. »

Il n'est nullement nécessaire, pour envisager les choses ainsi, d'avoir vu de près une grande révolution, soit comme acteur, soit comme simple témoin ; de se trouver sous la domination tyrannique d'une imagination vive et d'une âme ardente. Voyez Fontenelle : l'Académie de Rouen lui donne, en 1744, un témoignage d'estime. Dans sa lettre de remercîments, le philosophe, perpétuellement cité comme un modèle de réserve, de calme, de modération, s'exprime en ces termes :

«De tous les titres de ce monde, je n'en ai jamais eu que d'une espèce : des titres d'académicien, et ils n'ont été profanés par aucun mélange d'autres plus mondains et plus fastueux. »

Haller semble prendre les choses moins au sérieux ; cependant le motif qu'il allègue pour ne pas se parer du titre de baron, dont plusieurs princes d'Allemagne l'ont gratifié, est au fond plus dédaigneux, plus épigrammatique, que la phrase un peu brutale de Fontenelle : « Je ne suis pas assez modeste pour supposer que personne ne s'occupera de mes travaux ; je dois donc songer à épargner quelques fatigues à ceux qui me citeront verbalement ou par écrit : or, il leur sera plus commode d'écrire ou de dire Haller tout court que le baron de Haller ! »

Si l'entretien du savant géomètre avec Napoléon s'était prolongé jusque-là, ce dont quelques personnes douteront peut-être, notre confrère eût sans doute ajouté à ses objections sur le titre de comte, donné à un homme d'études, des remarques encore plus sérieuses, concernant la substitution du nom d'une des embouchures du Nil à celui de Monge. Il aurait pu faire observer que dans la carrière des sciences et des lettres, le public, résistant avec opiniâtreté aux fantaisies des princes, avait très-rarement sanctionné de pareils changements de nom ; que, par exemple, les érudits eux-mêmes savent à peine aujourd'hui que, suivant décision royale de Jacques Ier, Bacon s'appela quelque temps le vicomte de Saint-Alban. L'illustre géomètre aurait pu assurer qu'un jour viendrait où les bibliothécaires ignoreraient s'ils avaient sur leurs tablettes la *Géométrie descriptive* du comte de Péluze.

Je n'ai pas hésité à me rendre ainsi l'interprète des pensées de Monge sur la valeur réelle de la distinction honorifique dont il fut l'objet ; ces pensées étaient souvent le texte de ses épanchements intimes : alors, notre confrère parlait du titre dont il était revêtu avec une liberté d'esrrit, avec une verve de critique, que j'ai cru devoir tempérer. Il faisait remarquer surtout que sa nomination n'avait pas été un acte individuel ; que, sans exception aucune, tous les sénateurs de la première formation furent créés comtes par un seul et même décret du 1er mars 1808. « Au reste, ajoutait-il avec une grande franchise, je suis tellement sous le charme pour tout ce qui émane du grand Napoléon, que je n'ai jamais la force de résister à ses désirs. »

Voici le grief principal, le grief foudroyant ; celui, a-t-on dit, devant lequel les confrères, les amis de Monge auront éternellement à courber la tête :

Un jour, le corps diplomatique, entrant inopinément dans le salon de réception de l'Empereur, vit Monge étendu sur le tapis, près d'une fenêtre, jouant avec le roi de Rome. Les ambassadeurs, les ministres plénipotentiaires, les envoyés à tous les degrés de la hiérarchie se montrèrent, ils l'assuraient eux-mêmes, douloureusement affligés de cette dégradation d'un savant. Le spectacle que ces graves personnages avaient sous les yeux leur navra le cœur.

Le lendemain, tout Paris connaissait la nouvelle ; le lendemain, chacun déplorait qu'un homme de génie se fût suicidé moralement.

Je n'ai pas cherché à affaiblir le reproche ; je l'ai reproduit dans toute sa crudité. Dois-je maintenant, suivant la prédiction, me contenter de courber la tête ?

Nullement, Messieurs, nullement ! Un mot d'explication, et toute cette fantasmagorie *Ce* dignité aura disparu.

Monge aimait les enfants avec passion ; il prenait un plaisir tout particulier à s'associer à leurs divertissements, quels qu'ils fussent ; je l'ai vu, par exemple, à soixante cinq ans, jouer (je ne recule devant aucune expression quand il s'agit de disculper un confrère), je l'ai vu jouer à *colin-maillard* avec les jeunes fils d'un académicien[1] qui n'avait, lui, ni crédit ni influence d'aucune nature. Ces détails n'étaient certainement pas connus du public, ni même de MM. les ambassadeurs, si susceptibles en fait de dignité ; sans cela, se serait-on étonné que Monge jouât aussi avec le fils du meilleur et du plus illustre de ses amis !

Le prisonnier de Sainte-Hélène faisait un jour, devant son entourage, le dénombrement des principaux personnages de la République et de l'Empire avec lesquels il avait eu des relations intimes. Quand le tour de notre confrère arriva, Napoléon, sans chercher à déguiser son émotion, prononça ces paroles : «Monge m'aimait comme on aime une maîtresse. » J'admets l'assimilation, si l'on accorde qu'en toutes circonstances la maîtresse, pour ne pas perdre cette tendre affection, poussait les prévenances jusqu'à la coquetterie.

Les traits de coquetterie de Napoléon envers Monge sont très-nombreux. J'en citerai quelques-uns, pris parmi les plus frappants. J'espère qu'ils affaibliront l'impression défavorable que beaucoup de personnes ont éprouvée en entendant dire sur tous les tons : « Monge avait pour Napoléon un engouement invincible, un enthousiasme poussé jusqu'à l'aveuglement, une adoration qui tenait de l'ivresse. »

Peu de temps avant de quitter Paris pour se rendre à Toulon, le 2 avril 1798, le général Bonaparte écrivait à notre confrère : « Mon cher Monge, je compte sur vous, dussé-je remonter le Tibre avec l'escadre pour vous prendre ! »

Vous le savez déjà, Messieurs, la flottille du Nil, commandée par le chef de division Perrée, aurait probablement éprouvé une défaite, près de Chebréys, si le général Bonaparte ne fût accouru pour mettre fin à la fusillade de la nuée d'Arabes, de fellahs et de Mameluks qui couvraient les deux rives du fleuve. Le général, en se jetant dans les bras de Monge, qui venait de débarquer, lui adressa des paroles que l'histoire doit enregistrer : « Vous êtes cause, mon cher ami, que j'ai manqué mon combat de Chebréys. C'est pour vous sauver que j'ai précipité mon mouvement de gauche vers le Nil, avant que ma droite eût tourné suffisamment vers le village, d'où aucun Mameluk, sans cela, ne se serait échappé ! »

J'ai vainement cherché dans mes souvenirs un témoignage d'amitié qui pût être mis en parallèle avec celui que je viens de rapporter. Personne ne me contredira : en manquant volontairement un combat pour sauver Monge, le général Bonaparte fit à son ami le plus grand de tous les sacrifices.

Bonaparte manqua, en Égypte, son combat de Chebréys, pour ne pas laisser tomber la tête de Monge sous le yatagan des Arabes ; à Paris, dans l'intérêt de notre confrère, il commit une indiscrétion qui aurait pu amener l'insuccès du coup d'État de Saint-Cloud. « Engagez vos deux gendres à ne pas aller aux Cinq-Cents, disait Bonaparte à Monge la veille du 18 brumaire ; demain, nous tenterons une opération qui pourra bien se terminer par un combat ; il y aura peut-être du sang répandu. »

Le moyen le plus assuré de conquérir l'affection et la reconnaissance d'un homme de cœur, c'est d'être favorable à ses amis ; Napoléon ne le méconnut pas : il accueillait les demandes que Monge lui adressait pour des savants dans l'adversité, avec un grand empressement.

Souvent la concession d'une faveur était entourée de formes qui en doublaient le prix.

« Vous avez plusieurs fois voulu me faire de riches cadeaux, dit un jour Monge à l'Empereur ; je ne l'ai pas oublié, mais vous vous souviendrez aussi que je n'ai jamais accepté. Aujourd'hui, au contraire, je viens vous demander, sans hésiter, une forte somme. — Cela m'étonne, Monge ; parlez, je vous écoute. — Berthollet est dans l'embarras ; lui qui calcule si bien quand il s'agit d'analyses chimiques, s'est jeté dans des constructions de machines, de laboratoires, dans de grandes dépenses relatives à des jardins destinés à des expériences ; ses prévisions ont été dépassées. Mon ami doit cent mille francs. — Je ne veux pas vous priver du plaisir de les lui offrir ; vous recevrez demain un bon de cent mille francs sur ma cassette. »

Dans la nuit, Napoléon changea d'avis ; au lieu d'un bon, il en envoya deux : cent mille francs étaient destinés à Berthollet, et cent mille francs à Monge.

Cette fois, le géomètre ne fut pas libre de refuser ; les termes de la lettre d'envoi n'en laissaient pas la possibilité. L'ancien général de l'armée d'Orient ne voulait pas consentir à créer une différence entre les deux moitiés du savant Monge-Berthollet, que les soldats avaient si singulièrement réunies en Égypte.

« Monge, dit un jour Napoléon à notre confrère, je désire que vous deveniez mon voisin à Saint-Cloud. Votre notaire trouvera facilement dans les environs une campagne de deux cent mille francs ; je me chargerai de la payer. »

L'illustre géomètre ne voulut pas accepter cette offre dans un moment, dit-il à son ami, où le public, à tort ou à raison, s'imagine que les fmances du pays sont obérées.

C'est à ce refus que Monge faisait particulièrement allusion, en parlant à l'Empereur de la position difficile de Berthollet.

Assailli sans cesse par une multitude de mendiants dorés, Napoléon ne pouvait manquer de voir avec satisfaction ceux qui l'aimaient pour lui-même, sans aucune pensée d'intérêt personnel. « Monge, s'écria-t-il un jour avec malice au milieu d'un groupe de solliciteurs, vous n'avez donc pas de neveux ; je ne vous en entends jamais parler ? »

Un poëte célèbre avait dit :

> L'amitié d'un grand homme est un bienfait des dieux !

Monge était de ce sentiment ; l'amitié de Napoléon, cette amitié vive, active, persévérante ; cette amitié, qui remontait à 1794, se développa en Égypte et grandit encore sous l'Empire ; cette amitié qui resta immuable quand tout changeait chez les hommes et dans les institutions ; cette amitié d'un héros inonda le cœur de notre confrère de satisfaction, de joie, de reconnaissance.

Il n'est pas rare d'entendre des personnes s'écrier : « J'aurais su résister, moi, à toutes les séductions du général, du consul, de l'empereur. » On en rencontre peu qui puissent dire : « J'ai résisté. » L'épreuve, par le plus malheureux des hasards, n'aurait-elle été faite que sur des caractères cupides, vaniteux, sans noblesse, sans fermeté ?

Je pourrais, en citant des noms propres, montrer combien on s'égarerait en s'obstinant à envisager les choses de ce point de vue ; mais je veux écarter du débat toutes les susceptibilités contemporaines. Je me bornerai à un seul fait, emprunté à une époque éloignée.

Qui ne connaît les solitaires de Port-Royal ? Un d'entre eux, célèbre par les qualités de l'esprit, la droiture et la fermeté du caractère, et une incorruptibilité à toute épreuve, est mandé à Versailles. Louis XIV lui parle pendant quelques minutes avec affabilité. Il n'en fallut pas davantage. Le *bonhomme,* comme l'appelait madame de Sévigné, sortit de l'entretien tellement charmé, tellement séduit, qu'on l'entendait se dire à chaque instant : « Il faut s'humilier, il faut s'humilier ! »

Je recommande ces paroles d'Arnaud d'Andilly à ceux qui parlent avec tant de sévérité de la faiblesse de Monge et du superbe dédain que les prévenances de Napoléon leur eussent inspiré.

1. ↑ M. Arago.

MONGE RATÉ DE LA LISTE DES MEMBRES DE L'ACADÉMIE DES SCIENCES. — SA MORT. — SES OBSÈQUES.

Pendant la première Restauration, le gouvernement voulut (c'était le terme sacramentel) épurer l'Institut. La première classe (l'Académie des sciences) perdait trois de ses membres : Monge, Carnot, Guyton de Morveau. L'ordonnance était rendue ; elle allait paraître ; mais le ministère apprit que l'Académie refuserait certainement de procéder au remplacement des trois membres exclus. On en était déjà arrivé à des menaces violentes contre l'académicien qui, par le privilége de la jeunesse, avait dû prendre l'initiative de la résistance aux aveugles rancunes du pouvoir, lorsque Napoléon débarqua à Cannes.

Après les Cent-Jours, le ministère revint à son système d'épuration ; mais il s'y prit d'une autre manière. L'Institut tout entier fut dissous et reconstitué par une ordonnance royale du 21 mars 1816, signée Vaublanc. D'après cette nouvelle organisation, Monge et Carnot cessaient d'appartenir à la section de mécanique, et étaient remplacés par deux académiciens nommés d'autorité. Ainsi, après trente-trois ans d'exercice, notre confrère se trouva brutalement exclu d'un corps où il brillait aux premiers rangs.

En dehors du cercle de sa famille, notre confrère avait concentré ses plus vives affections sur Napoléon, sur l'École polytechnique, sur l'Académie des sciences. Napoléon subissait à Sainte-Hélène la plus humiliante des tortures pour un homme de génie : il se trouvait placé sous la dépendance de la médiocrité tracassière, envieuse et jalouse. L'École polytechnique était licenciée ; le nom illustre de l'auteur de la *Géométrie descriptive* ne figurait plus parmi ceux des membres de l'Institut. Quelle source d'amères, de poignantes réflexions ! Monge n'y résista pas : à la noble et belle intelligence dont l'Europe tout entière avait admiré l'éclat succédèrent d'épaisses ténèbres.

Monge n'était pas, même dans le cercle restreint des membres de l'Académie des sciences, le premier homme supérieur chez qui la vie matérielle eût continué après la perte totale des facultés intellectuelles. Huygens avait éprouvé ce mystérieux accident pendant son séjour en France ; quelque temps après il se rétablit, et montra de nouveau toute la puissance, toute la fécondité d'un beau génie. Ces souvenirs entretenaient une lueur d'espérance parmi les amis de Monge. Ils se rattachaient avec bonheur à la pensée qu'un intervalle de quelques mois pourrait faire succéder la lumière aux ténèbres ; que dans le monde des idées, comme dans le monde physique, la léthargie n'est pas la mort.

Un des amis de notre confrère rappela qu'en des circonstances semblables on était parvenu à provoquer, chez divers malades, un réveil intellectuel de quelques instants, en faisant seulement retentira leurs oreilles les paroles, les questions qui les avaient le plus occupés, le plus charmés lorsqu'ils jouissaient de la plénitude de leurs facultés. Il raconta, entre autres traits singuliers, celui de l'académicien Lagny. Ce mathématicien était tombé dans un tel état d'insensibilité que, depuis plusieurs jours, on n'avait pas réussi à lui arracher une syllabe labc ; mais quelqu'un lui ayant demandé : Quel est le carré de 12 ? en obtint sur-le-champ la réponse : Cent quarante-quatre.

Il était naturel que ce souvenir académique suggérât aux amis de Monge la pensée d'une expérience analogue, et qu'ils espérassent s'éclairer ainsi sur la véritable nature des affections en céphaliques dont l'illustre géomètre ressentait si déplorablement les effets. D'une voix unanime, on convint que rien au monde, dans le vaste champ de la science ou de la politique, ne conduirait à un résultat plus décisif que l'hymne patriotique de *la Marseillaise*.

La Marseillaise laissa Monge complétement impassible, la *Marseillaise* ne fit éprouver aucune émotion visible au commensal du général Bonaparte à Passeriano, au commissaire organisateur de la république romaine. De ce moment, la maladie fut jugée incurable ; la famille, les amis de notre confrère n'eurent plus d'autre perspective qu'une douloureuse résignation.

Monge mourut le 18 juillet 1818. Aussitôt que ce triste événement fut connu, les élèves de l'École polytechnique sollicitèrent d'une voix unanime et à titre de faveur insigne, la permission d'accompagner jusqu'à leur dernière demeure les restes inanimés de l'homme éminent que la France venait de perdre. L'autorité repoussa brutalement cette prière. Elle s'obstina à qualifier d'intrigue politique une démarche où, en se dépouillant de toute prévention, on n'aurait vraiment trouvé que la manifestation honorable d'un sentiment filial. Il m'est pénible de l'avouer, d'anciens élèves de Monge eurent la faiblesse de croire que, dans ses préoccupations, l'autorité avait pensé à eux, et qu'un ministre restait dans la limite de ses pouvoirs en interdisant à des concitoyens de se montrer reconnaissants. Heureusement, Messieurs, un grand nombre de savants, d'hommes de lettres, de vieux militaires, d'artisans, comprirent tout autrement leurs droits et leurs devoirs. Grâce à eux, des cendres illustres reçurent un hommage public et solennel. Deux membres de cette Académie, MM. Huzard et Bosc, se signalèrent entre tous dans cette circonstance : ils feignirent d'oublier que Monge avait été destitué, qu'il n'était plus leur confrère, et se joignirent au cortége en costume de membre de l'Institut. Cette protestation significative, quoique muette, contre une mesure odieuse, fit dans le moment une vive sensation. Me serais-je trompé, en me figurant que l'acte de courage des deux membres de la section d'agriculture pouvait être l'objet d'un respectueux souvenir ? Tout ce qui honore les lettres doit, ce me semble, trouver place dans nos fastes.

Berthollet prononça sur la tombe encore entr'ouverte de son vieil ami un discours qui mettait noblement en relief les mérites transcendants de l'académicien et du professeur, les services rendus au pays par le citoyen.

Le lendemain, jour de sortie à l'École polytechnique, les élèves, bravant les colères ministérielles, se rendirent en corps au cimetière du Père Lachaise. Ils adressèrent un dernier, un touchant adieu à leur ancien professeur, et déposèrent respectueusement des couronnes sur sa tombe. Cette manifestation n'étonna personne : en France, la jeunesse s'est toujours distinguée par la noblesse et l'élévation des sentiments. Voulez-vous la trouver docile, ne lui commandez aucun acte qui blesse le sens moral. *Je veux* était assurément une formule très-commode, mais elle a fait son temps. L'autorité ne possédera le prestige dont il est si désirable, dans l'intérêt de tous, qu'elle soit environnée, qu'à la condition de prendre invariablement pour guide les paroles que Monge, au camp de Boulogne, entendit sortir de la bouche de Napoléon, et qu'il nous a conservées : « Vous vous trompez, Messieurs, sur ma puissance, disait le jeune souverain au moment où la vaillante armée qu'il commandait allait s'élancer des rives de l'Océan jusqu'à Austerlitz ; vous vous trompez. Dans notre siècle, on n'obtient une obéissance franche et cordiale qu'à la pointe *du raisonnement.* »

LA MÉMOIRE DE MONGE, MALGRÉ LES DIFFICULTÉS DU TEMPS, EST L'OBJET DES PLUS HONORABLES TÉMOIGNAGES DE LA PART D'ANCIENS ÉLÈVES DE L'ÉCOLE POLYTECHNIQUE. — RÉSUMÉ DES SERVICES RENDUS AU PAYS PAR L'ILLUSTRE GÉOMÈTRE.

M. Brisson, ingénieur des ponts et chaussées, M. Charles Dupin, ingénieur de la marine, tous deux sortis de l'École polytechnique, tous deux au début de leur carrière, tous deux amovibles, n'hésitèrent pas, en 1819 et 1820, à publier des biographies de Monge, dans lesquelles on aurait vainement cherché la plus légère concession aux passions haineuses qui, à ces tristes époques, poursuivaient encore la mémoire de l'illustre géomètre. Des compositions si bien senties, si savantes, ne me laissant plus qu'à glaner, je pouvais me croire affranchi du devoir que nos usages imposent aux secrétaires perpétuels ; mais je n'ai pas su résister à un désir de la respectable compagne de Monge ; les paroles d'une femme demandant, après un laps de trente années, que les mérites éclatants de son mari fussent proclamés dans le lieu même d'où il avait été brutalement exilé, victime de haines politiques à la fois mesquines et odieuses ; les paroles entremêlées de sanglots d'une centenaire réclamant une sorte de réparation solennelle pour l'homme de génie dont elle avait noblement partagé la bonne et la mauvaise fortune, ne laissaient aucune place aux calculs, aux préoccupations de l'amour-propre.

N'oublions pas de rappeler que, dans le cours de l'année 1818, il fut ouvert une souscription destinée à élever un monument à la mémoire de notre confrère, et, circonstance très-digne de remarque pour l'époque, que le signal était parti d'un régiment d'artillerie, de celui qui tenait garnison à Douai. Ce monument funéraire, ce témoignage de la reconnaissance, de la vénération d'un très-grand nombre d'élèves, avait le double caractère d'hommage et de protestation. Il était jadis visité, avec intérêt et recueillement, par les hommes instruits de tous les pays qui venaient passer quelques semaines dans la capitale. Aujourd'hui, le voyageur le trouve à peine dans le dédale de tombeaux de dimensions colossales que l'engouement irréfléchi du public, ou la vanité des familles, a élevés à la mémoire d'individus dont la postérité ne prendra certainement nul souci. Il est (permettez l'emploi d'un mot nouveau à qui doit parler d'une chose nouvelle), il est comme enseveli sous une multitude de *réclames* en pierre, en bronze, en marbre qui vont transformant nos principaux cimetières en bureaux d'adresses.

Les amis de Monge doivent-ils beaucoup s'en affliger ? Je ne le pense pas, Messieurs ; la gloire de notre confrère ne saurait dépendre de la splendeur d'un mausolée, de la nature des éléments périssables qui s'y trouvent groupés ; de l'habileté d'un architecte ; de la célébrité d'un sculpteur. Cette gloire est établie sur des bases beaucoup moins fragiles.

Le nom de Monge se présentera toujours à la mémoire des publicistes qui voudront établir que le génie, quand il est uni à la persévérance, triomphe à la longue des entraves qui lui sont suscitées par les préjugés.

Les constructeurs de toutes les professions, les architectes, les mécaniciens, les tailleurs de pierre, les charpentiers, soustraits désormais à des préceptes routiniers, à des méthodes sans démonstration, se rappelleront avec reconnaissance que s'ils savent, que s'ils parlent la « langue de l'ingénieur, c'est Monge qui l'a créée, qui l'a rendue accessible à tout le monde, qui l'a fait pénétrer dans les plus modestes ateliers. »

Les méthodes employées par Monge pour trouver les équations différentielles des surfaces dont le mode de génération est connu, conserveront aux yeux des mathématiciens le caractère qui leur fut assigné par Lagrange, le juge le plus compétent en pareille matière ; elles resteront placées parmi les conceptions analytiques qui donnent, qui assurent l'immortalité.

Monge a eu le bonheur bien rare de découvrir une des propriétés primordiales des espaces géométriques, des espaces limités par des surfaces susceptibles d'être définies rigoureusement. Archimède désira qu'en mémoire de celui de ses travaux qu'il prisait le plus on gravât sur son tombeau la sphère inscrite au cylindre. Monge aurait pu, avec non moins de raison, demander qu'une figure tracée sur sa pierre tumulaire signalât les propriétés des lignes de courbure, ces propriétés si belles, si générales, dont les mathématiques lui sont redevables.

Monge a été le fondateur de la première école du monde ; d'une école très-justement appelée un principe, et que les pays étrangers nous envient ; d'une école qui a rendu d'immenses services, tant aux sciences pures qu'aux sciences appliquées, et devant laquelle, quand on l'a crue menacée, l'opinion publique s'est toujours placée comme un bouclier.

Enfin, le rôle de Monge pendant les combats de géants qui firent triompher la République française de l'Europe coalisée et de tant d'ennemis intérieurs, plus redoutables encore, ne sera pas effacé, aux yeux de l'histoire clairvoyante et impartiale, par celui des généraux les plus renommés de cette grande époque. Il eût été certainement moins difficile, en 1793, en 1794, de précipiter nos compatriotes désarmés contre les légions étrangères, qu'il ne le fut de leur fournir les canons, les fusils, les baïonnettes et les sabres dont ils firent un si patriotique usage.

Analysez, Messieurs, avec précision et netteté, en quelques mots techniques, sans aucun artifice de langage, comme je viens de le faire à l'égard de Monge, les ouvrages des hommes de tous les pays, qu'un assentiment tacite place aujourd'hui parmi les lumières de l'esprit humain, et vous en trouverez un grand nombre qui, ne résistant pas à cette épreuve, tomberont lourdement de la haute position que le public semble leur avoir assignée. Celle de Monge me paraît, au contraire, invariablement fixée : l'importance et la variété des découvertes de notre confrère, la grandeur et l'utilité de ses travaux, lui assureront à jamais l'admiration des savants et la reconnaissance des citoyens. Nous n'avons pas à craindre que la postérité infirme les appréciations des contemporains de Monge. Nos derniers neveux ne nous démentiront point ; comme nous, ils placeront l'auteur de la *Géométrie descriptive* sur le premier rang, parmi les plus beaux génies dont la France puisse se glorifier.

Les biographes qui se dépouilleront de toute idée préconçue avant de jeter un regard scrutateur sur la vie privée de Monge, reconnaîtront combien le négociateur de Campo-Formio l'avait justement caractérisée, lorsque, dans une lettre au Directoire, il appelait en quelque manière notre confrère l'honneur français personnifié. Ils trouveront en lui le plus parfait modèle de délicatesse ; l'ami constant et dévoué ; l'homme au cœur bon, compatissant, charitable ; le plus tendre des pères de famille. Ses actions leur paraîtront toujours profondément empreintes de l'amour de l'humanité ; ils le verront, pendant plus d'un demi-siècle, contribuer avec ardeur, je ne dis pas assez, avec une sorte de fougue, à la propagation des sciences dans toutes les classes de la société, et surtout parmi les classes pauvres, objet constant de sa sollicitude et de ses préoccupations.

Vous me pardonnerez, Messieurs, d'avoir ajouté ces nouveaux traits à ma première esquisse. N'encourageons personne à s'imaginer que la dignité dans le caractère, l'honnêteté dans la conduite, soient, même chez l'homme de génie, de simples accessoires ; que de bons ouvrages puissent jamais tenir lieu de bonnes actions. Les qualités de l'esprit conduisent quelquefois à la gloire ; les qualités du cœur donnent des biens infiniment plus précieux : l'estime, la considération publique, et des amis.